AF356284

PRÉCIS
DE L'HISTOIRE

DES

TRIBUNAUX

SECRETS,

DANS LE NORD DE L'ALLEMAGNE.

TOUL, IMPRIMERIE DE J. GAREZ.

PRÉCIS

DE L'HISTOIRE

DES

TRIBUNAUX

SECRETS,

DANS LE NORD DE L'ALLEMAGNE.

CONTENANT

DES RECHERCHES SUR L'ORIGINE DES COURS WEHMI-QUES; SUR LEUR DURÉE, LEUR INFLUENCE, L'É-TENDUE DE LEUR JURISDICTION ET LEURS PROCÉ-DURES INQUISITORIALES.

PAR

A. LOÈVE-VEIMARS.

A PARIS,

LIBRAIRIE DE J. CAREZ,

RUE HAUTE FEUILLE, N° 18.

1824.

AVANT-PROPOS.

L'histoire ne produisait jadis que des chroniques ou des dissertations; aujourd'hui elle s'est placée au rang des sciences positives, elle contribue avec elles au perfectionnement de l'esprit humain. Seuls, de toutes les institutions propres à faire naître un salutaire effroi, les tribunaux secrets n'ont pas exercé la plume des historiens modernes; car je ne range pas au nombre de ces derniers l'auteur d'une histoire du tribunal secret publiée, il y a quelques années, sous le nom d'Étienne de Bock.

Remplacer par un corps historique, par des assertions vraies, les fragments épars et les récits aventurés, répandus en France jusqu'à ce jour, montrer l'influence d'une institution qui environnait ses actes d'un profond mystère, rectifier quelques jugements trop légérement émis par des écrivains recommandables, telle est la tâche que je m'impose; je me flatterai de l'avoir remplie, si je parviens à donner une idée de ces temps où l'inquisition wehmique dut paraître un bienfait: remédier de la sorte au mal, c'est en augmenter l'énormité.

On verra dans le cours de cet ouvrage, que les tribunaux wehmiques furent, eu égard à l'état déplorable de l'Allemagne, et sous plus d'un rapport, une institution nécessaire, et qu'outre l'absence totale de force coactive, plusieurs causes concoururent, dans ces temps, aux progrès de la puissance des francs-juges.

Le souverain n'en prit d'abord aucun ombrage ; c'était en son nom que les francs-juges prononçaient le ban et que s'accomplissaient leurs arrêts ; d'ailleurs, ils avaient trouvé le moyen de faire rentrer dans l'obéissance les grands si souvent révoltés ; ils abattaient indistinctement tout ce qui opposait résistance, et jusque dans

ses abus, cette institution servait le pouvoir suprême; enfin
les francs-juges ne donnèrent
jamais prise à la censure impériale; jamais ils ne laissèrent
échapper l'occasion de témoi-
gner leur profond respect pour
la couronne, alors même qu'ils
agirent contre celui qui la portait; le prince voulait-il modé-
rer le despotisme qu'ils faisaient
peser en son nom sur ses sujets, ils l'accusaient de saper
lui-même les droits du trône,
crime irrémissible aux yeux des
partisans du pouvoir absolu. La
proscription des émissaires de
Wenceslas, et l'exemple de l'empereur Frédéric III, cité par les
francs-juges, montreront avec

quelle audace ils mirent en œuvre ces principes dont on ne saurait trop indiquer les dangers.

De leur côté, les états, surtout ceux de Westphalie, virent sans crainte s'élever la puissance des francs-tribunaux ; les membres de ces états cherchèrent à se faire comprendre dans la formation des cours wehmiques ; pauvres qu'ils étaient, les revenus assignés aux francs-juges furent un puissant attrait pour eux : car chaque familier était tenu de payer à sa réception un marc d'or et quelques mesures de vin, et ce tribut, vu la pénurie du temps et l'affluence des caudidats, doit paraître fort considérable.

Le clergé d'alors, lui même, tant que les francs-juges ne s'écartèrent pas de leurs statuts primitifs , le clergé demeura paisible spectateur de leurs poursuites et de leurs entreprises. Une institution , dont la fondation était attribuée à un prince qui avait bien mérité de l'église , confirmée par le pape, destinée à consolider la doctrine des apôtres, une institution enfin qui persécutait et sacrifiait les hérétiques , ne pouvait déplaire aux clercs si intolérants du moyen âge; aussi les ecclésiastiques ne dédaignèrent-ils pas de solliciter des investitures de francs-siéges et même la simple initiation.

La classe la plus opprimée, celle des serfs, trouvait aussi dans les francs-siéges un allégement à ses maux. Ce tribunal qui procédait sans acception de puissance et de rang, abaissait jusqu'à ces malheureux le niveau de sa justice; reçus au nombre des familiers du tribunal secret, ils se trouvaient pour la première fois, à l'abri des exactions suzeraines.

L'inviolabilité des personnes, l'indulgence en cas d'accusation, une influence journalière, tous ces avantages attachés à la simple initiation, devaient séduire la multitude. Le nombre des initiés s'éleva bientôt à cent mille, on y compta des ducs, des princes, des prélats et les principaux magistrats des villes. Le duc de Bavière se fit initier pour échapper à l'accusation de Gaspard de Torringe; dès lors, les princes faibles l'imitèrent et servirent d'instrument aux francs-juges. Ceux qui voulurent conserver la dignité de leur rang, se contentèrent de faire initier leurs proches; les villes présentèrent leurs principaux citoyens et leurs corps entiers de magistrature, afin de trouver au besoin des défenseurs; l'initiation était devenue indispensable pour échapper à ses ennemis ou aux envieux; elle était d'ailleurs lucrative , chaque initié recevant un traitement annuel , proportionné aux frais que lui occasionnait sa réception.

Ces causes que je me suis efforcé de développer , jointes au tableau de l'organisation intérieure des siéges, de l'association mystérieuse des affidés, des châtiments qui suivaient le parjure et la désobéissance, expliqueront suffisamment la longue existence des tribunaux secrets et leur influence sur la législation germanique qui jusqu'ici ont dû paraître un problème assez difficile à résoudre.

L'instruction n'est plus le partage de quelques hommes privilégiés ; l'histoire s'adressera désormais à la multitude qui , aujourd'hui, sait penser et s'instruire ; si je n'ai pu montrer celle que j'entreprends de tracer, autrement que dans sa hideuse vérité , j'ai tâché toutefois de lui enlever ses formes abstraites et son aspect scientifique; je n'espère pas que cet ouvrage devienne classique, mais puisse sa briéveté du moins en faire un livre populaire.

PRÉCIS

DE L'HISTOIRE

DES TRIBUNAUX

SECRETS,

DANS LE NORD DE L'ALLEMAGNE.

~~~~~~~~~~~~~~~~~~~~~~~~~~~~~~~~

PREMIÈRE PARTIE.

PREMIERS SIÈCLES DU CHRISTIANISME.

L'EUROPE doit sa population actuelle à trois grandes révolutions qui se sont succédé à des intervalles de cinq cents années. La première fut celle qu'opérèrent les Germains de l'Est, secondés par la faiblesse de l'empire romain: ils envahirent l'Italie, les Gaules et la Péninsule ibé-
~~~~~~~~~~~~~~~~~~~~~~~~~~~~~~~~

rique. Répandus dans ces contrées
sous le nom de Lombards, de Francs
et de Goths, ils se mêlèrent aux
vaincus et échangèrent leurs mœurs
contre celles des Romains; ce mélange
produisit les Germains *romanisés*.

Les Germains occidentaux, qui
opposèrent long-temps une barrière
à la puissance de Rome, n'avaient
pris que peu de part à l'invasion. Ils
se répandirent dans les provinces romaines le long du Danube et du
Rhin et se jetèrent sur la Grande-
Bretagne. Les habitants de ces contrées, qui commençaient à se roma-
niser, reprirent alors le caractère
Germain. Cependant le langage et
la religion distinguaient encore le
vainqueur du vaincu, le Germain de
race du Germain romain. Le temps
fit cesser la première de ces distinctions, la seconde disparut sous les

flots d'une troisième invasion, opé-
rée, cette fois, par les Germains romanisés qui marchèrent au nord pour
aller convertir les Slaves. Ces croisades durèrent de longues années. Les
contrées du Rhin avaient embrassé
le christianisme au cinquième siècle,
celles de l'Elbe au huitième, la Scan-
dinavie l'embrassa vers le dixième. Les
Germains de race et les Germains romanisés ont inondé l'Europe et couvert sa surface. Ils ont imprimé aux
mœurs et aux institutions politiques
de cette partie du monde un air de
famille qu'elles conservent encore: la
Germanie demeura peuplée par les
Slaves germanisés et les Slaves de
race. C'est de ces peuples et du despotisme inquisitorial qui s'établit et
se perpétua jusqu'à nos jours, parmi
eux, sous diverses formes, que nous
allons nous occuper.

DE L'ÉTAT DES PROVINCES SAXO-WESTPHA- LIENNES AVANT CHARLEMAGNE.

Les premières traces laissées dans les pages de l'histoire, par ces peuplades qui vivaient dispersées sous les latitudes glacées qui s'étendent du nord des anciennes Gaules jusqu'au nord-ouest de l'Asie, sont marquées par le sang qu'elles ont répandu en combattant les légions romaines. A leur apparition, quand deux de ces races, les Cimbres et les Teutons se précipitèrent sur Rome, les Saxo-Westphaliens étaient encore inconnus. Un demi-siècle après, César poursuivant Arioviste, révéla leur existence, mais leur existence seulement. C'est à Drusus qu'il était réservé de planter les aigles romaines en Westphalie. Varus paya cette audace d'une défaite: Arminius et la forêt de Teutobourg rappelèrent aux Romains le mot de *terreur cimbrique* qu'ils avaient oublié, et c'est en vain que l'épée de Germanicus fut employée à l'effacer encore.

Tout ne fut pas malheur en Germanie, si Rome y laissa ses légionnaires et des trésors, elle en ramena Tacite. Il avait suivi ses concitoyens et exerçait un emploi dans la Gaule Belgique, non loin de la Westphalie. Il vit de près et sut observer. Les observations qu'il rapporta en Italie, dues aux récits de prisonniers et de transfuges, jettent néanmoins de vives lumières sur cette partie du nord. Il nous montre dans la Westphalie les Cattes, les Chauces, les Chérusques, les Ampsivariens; mais il paraît n'avoir pas connu la horde Saxonne

dont plus tard une partie traversa
les mers pour aller porter dans la
Grande-Bretagne ses mœurs et son
langage. Les ténèbres que Tacite
avait soulevées retombent après lui
sur ces provinces jusqu'au temps de
cette irruption. Nous voyons alors
reparaître ces contrées; mais l'état des
choses présente une toute autre face.
On ignore si les flots des mers du
nord avaient porté, durant cet inter-
valle, de nouveaux habitants sur ces
rives, comme l'assure Gibbon(1), ou
si les anciennes races avaient seulement changé d'aspect et remplacé
leurs courses aventureuses par des
habitudes domestiques. Toutefois est-
il qu'elles avaient entièrement disparu
et fait place aux seuls Saxons qui
recouvraient toute la bande de terre

(1) *Hist. of the decline and fall of the Rom.
Emp. T. II.*

située entre le Rhin et le Wéser. Ils présentent trois branches distinctes: les Westphaliens, les Ostphaliens et les Engères. Les Ostphaliens n'habitèrent jamais la province d'entre Rhin et Wéser; celle-ci devint la Westphalie du moyen-âge, où les justices secrètes s'établirent comme dans leur domaine. Les Saxo-Westphaliens vivaient alors de la chasse et de la pêche; ils négligeaient l'agriculture. L'autorité publique n'existait pas, mais une sorte de lien maintenait l'état social: il leur assurait le premier des biens, la liberté. Le pouvoir émanait du peuple, les ducs et les princes, *duces*, *principes*, le conduisaient sur les champs de bataille, et aux assemblées civiles. On observa bientôt des différences de caste, des nobles, *adelingi*, des propriétaires, *frilingi*, des serfs attachés à la glèbe, *litones lazzi*, des esclaves et des affranchis ; on voit poindre l'institution féodale dans celle des *comites* ou compagnons: c'étaient des escadrons de jeunes guerriers qui s'attachaient à la fortune d'un noble et l'accompagnaient dans ses excursions ; quelquefois plusieurs de ces comites se réunissaient pour une expédition lointaine (1). La volonté du chef tenait lieu de toute espèce de droit ; par elle on mourait ou l'on marchait à la victoire. Le besoin de défendre la patrie, de venger les injures, fit naître les *hermanies*. Les comites combattaient pour l'avantage et la gloire d'un seul, les hermangies, vraiment nationales, combattirent pour le bien et l'honneur de tous; sans elles la Westphalie eut difficile-

(1) Comme celle d'Horsa et d'Hengist, faite à l'aide de ces comites.

ment échappé à la domination romaine ; et certes elle n'eut pas résisté
si long-temps aux armes des Francs.
La nation exerçait sa force morale
aux assemblées, comme elle exerçait
sa force physique aux combats. Les
prêtres jouaient un grand rôle dans
l'une et l'autre de ces circonstances.
Ils étaient à la communauté ce qu'é-
tait le père de famille aux siens. Plus
puissants que les chefs, ils avaient le
droit de frapper un homme de guerre.
La législation consistait en coutumes,
en traditions conservées par des chants
nationaux, et qui se propageaient
ainsi de génération en génération. La
communauté qui n'était qu'une agré-
gation de famlles soumises, chacune
à un chef, ne punissait point les délits privés. La mort pour les délits
contre la nation, la vengeance pour
les délits particuliers, voilà cette juris-

prudence primitive (1). La haine à mort se transmettait du père au fils ; le paiement d'une amende ou composition (*Wehrigeldus*) éteignait ces vengeances qui demandaient du sang (2). La communauté entière veillait à l'accomplissement du traité. Du reste, la marche exécutive du droit coutumier était aussi incertaine, aussi vacillante que le droit lui-même. Comme les autres Germains, les Westphaliens étaient sans villes, le voisinage d'une source ou d'un bois donna lieu à des rassemblements qu'on nomma fermes ou métairies. L'ancien de ces fermes remplaçait le *pater familias*

(1) « Il paraît par Tacite que les Germains » ne connaissaient que deux crimes capitaux ; » ils pendaient les traîtres et noyaient les » poltrons. » MONTESQUIEU.

(2) Cet usage passa des Germains aux Francs. — Voy. le capital. de 802, cité par Robertson.

des Romains. Il était à la fois législa-
teur, juge et exécuteur. Il apaisait
les querelles et punissait à son gré.
Les choses durèrent de la sorte jusqu'à ce que le trop grand nombre
d'habitants de ces fermes, eût forcé
les derniers-venus à s'établir à quelque distance, toujours néanmoins sous
la dépendance des chefs. Ces migra-
tions firent naître les bourgs, *vici*, qui
furent les métropoles des fermes.
L'ancien de ces bourgs, chez les Francs
schultetus, et chez les Frisons *Hæ-
vetling* (1) continua de terminer les
différents ; seulement, dans les cas
difficiles, il consultait les anciens des
fermes. Ce tribunal de bourg est leur
premier tribunal connu. On le nomme
encore *curia schulteti* ou *curia ju-
dicis*. On vit bientôt s'établir auprès

(1) En allemand *häuptling*, chef.

de cette institution des tribunaux de circonscription qui se composèrent des schultètes de plusieurs bourgs, et les assemblées pour juger sur la vie et l'honneur : elles faisaient accepter les compositions et se portaient garants de la paix jurée. Toutes ces institutions n'étaient en vigueur que durant la paix ; dès que la nation prenait les armes, les prêtres entraient en possession de la judicature. (1)

Les assemblées de cours n'avaient lieu que deux fois l'année, au printemps et à l'automne. Celles de circonscription et de vie et d'honneur devinrent plus fréquentes. Il y avait des jours (2) et des lieux à cet effet. Une épée demeurait toujours plantée en terre là où devait se tenir l'assem-

(1) Henke. *Grundriss einer geschichte des deutschen peinlichen rechts.* 1809.
(2) *Diei juridici.*

blée. *Point d'accusateur, point de juge*, tel en était le principe fondamental. Le *grave* ou président ne prononçait pas, mais consultait un des juges, et le peuple donnait son assentiment par ses acclamations ou le refusait par ses murmures. On voit déjà les épreuves judiciaires ou jugements de Dieu, mis en vigueur dans ces cours. Ces épreuves nées des idées religieuses de ces temps de paganisme furent conservées après l'introduction du christianisme, jusqu'à ce qu'une institution plus odieuse vint les remplacer, je veux dire la torture qui fut inconnue aux Germains, tant qu'ils demeurèrent libres et affranchis d'une influence étrangère. Dans le principe, on nommait les épreuves ordalies, ardalies. De quel genre étaient ces épreuves chez les Saxons payens? C'est ce que le silence des historiens ne

laisse pas même conjecturer, au combat judiciaire près, dont l'existence
est pour ainsi dire prouvée par un
passage de Tacite (1). L'esprit national des Saxo-Westphaliens était resté
le même que celui des peuplades qui
les précédèrent. Tous ont la même
rudesse, le même amour du merveil-
leux, la valeur est toujours chez eux
la première des vertus, leur dernier
soupir est encore pour la liberté et
l'indépendance; de là l'introduction
des combats dans leurs démêlés judiciaires, conséquence naturelle de leur
vie guerrière, et celle des jugements
de Dieu qui s'accordent singulière-

(1) « *Ejus gentis cumqua bellum est, capti-*
» *vum quoquo modum interceptum, cum electo*
» *popularium suorum, patriis quemque armis,*
» *committunt victoria hujus vel illius pro*
» *præjudicio accipitur.* — *De morib. germ.*
C. X.

ment avec leurs idées superstitieuses.

. Telles étaient les choses avant l'arrivée de Charlemagne en Westphalie; on n'y saurait méconnaître le germe de plusieurs de ses institutions.

Depuis l'an 476, Rome et ses vengeances n'étaient plus à craindre pour la Germanie; mais un autre ennemi plus redoutable s'élevait sur les ruines de l'empire. C'était celui des Francs, fondé dans les Gaules par Chlodwig (*Clovis*) et affermi par les *majores domûs*. Quelques guerres particulières de celles qu'on nommait *Faidæ* avaient eu lieu entre les Saxons et les Francs; des tributs momentanés en avaient été la suite, mais les Francs songeaient aussi peu à soumettre les Saxons, que leurs missionnaires à leur porter le christianisme. Lorsque Pepin eut saisi le sceptre échappé des mains débiles des Mérovingiens et que son fils eût placé sur sa tête les couronnes d'Austrasie et de Neustrie, l'heure de l'humiliation arriva pour ces peuples. Ni leur résistance de trente années, ni l'adresse héroïque de Wittikind leur chef, ne purent les sauver: La politique de Charles et les armes de ses Francs en triomphèrent et la croix s'éleva sur les ruines des Irmensules (1). Il s'en suivit de notables changements dans la législation.

ÉTAT DES PROVINCES SAXO-WESTPHALIENNES SOUS CHARLEMAGNE.

L'ACTIVITÉ du grand réformateur n'attendit pas l'entière soumission des provinces saxonnes pour y introduire un nouvel ordre politique. Charle-

(1) Idoles des Saxons.

magne avait trouvé les Francs déjà
loin de la liberté, la guerre les avait
déjà conduits dans la voluptueuse Italie: c'était un avant-goût de la civilisation, et la corruption pénétrant
dans les Gaules les avait déjà rendues
tributaires du luxe. Charles put, sans
grands efforts, les façonner à son joug.
La splendeur de sa royauté et la complication de ses systèmes aristocratique et judiciaire, étaient peu faites
pour une nation aussi pauvre et aussi
fière que l'était la nation saxonne;
mais comme si le destin voulait déconcerter la philosophie ou plutôt
l'accuser de ne pas connaître tous les
éléments de l'homme, les projets de
Charlemagne en Westphalie, qui certes n'étaient pas l'expression d'un besoin général, réussirent en dépit des
obstacles et ses institutions furent
durables. Les nobles saxons, appelés

à Seltz, pour y reconnaître les changements projetés par l'empereur, y
accédèrent non sans douleur. Il y fut
stipulé 1°. Que les Francs feraient à
l'avenir un seul peuple avec les Saxons, soumis à un même chef. 2°. Que
les Saxons renonceraient à jamais à
la religion de leurs ancêtres et qu'ils
embrasseraient le Christianisme. 3°.
Qu'ils ne payeraient aucun tribut.
4°. Qu'ils s'obligeraient à suivre les
commandements de Dieu et les lois
de l'église. 5°. Qu'ils demeureraient
hommes libres et qu'ils conserveraient
leurs droits et leurs coutumes. 6°.
Que cependant l'empereur aurait le
privilége de nommer leurs juges et
de leur envoyer des commissaires.
Au mépris ou plutôt par l'effet de ces
clauses, la Saxe cessa d'être libre.
L'ordre de succession à la couronne
qui était fondé sur le droit hérédi-

taire, mais non sur celui de primo-
géniture fut détruit, et le droit de
la nation à élire un roi parmi les
héritiers royaux fut aboli. Les deux
assemblées populaires annuelles sub-
sistèrent sous le nom de champ de mars
et de champ de mai: ce furent des
conciles d'évêques et de nobles. Le
service militaire ne fut plus volontaire. Les hermanies armées pour la
patrie et les comites assemblées par
des chefs saxons refusèrent de servir
le conquérant. Le *heerban* et la
milice des chefs les remplacèrent.
Charles substitua aux ducs saxons ses
comtes; un comté, *comitatus*, fut af-
fecté à chacun d'eux. Ces comtés furent tracés sur les anciennes *gau* ou
provinces saxonnes, à-peu-près comme le furent nos départements sur les
anciennes provinces. La noblesse nationale n'eût rien de commun avec

cette institution. Le comte *Grève,
Comes* était un délégué impérial, qui
régissait pour le trône. Il conduisait
les milices à la guerre. Tout homme
libre qui possédait en propriété allo-
diale ou bénéficiaire quatre manoirs,
mansi, c'est-à-dire cinquante acres
de terre, faisait partie du heerban. Il
devait marcher en personne. Celui
qui en possédait moins que quatre se
joignait à d'autres pour équiper un
homme. Celui qui en possédait douze
marchait avec une armure. Les ecclésiastiques en étaient dispensés et pouvaient libérer quelques-uns de leurs
vassaux. On nommait également heerban l'amende de soixante couronnes à laquelle était condamné celui
qui refusait de se mettre en campagne; il perdait sa liberté jusqu'à ce
qu'elle fut acquittée. Les bénéfices
militaires déjà connus au temps de

Chlodwig convenaient à la politique de Charlemagne, surtout vers la fin de son règne, lorsqu'il ne pouvait plus attendre du heerban tombé en désuétude des soldats aguerris et bien armés. Il n'était pas encore question d'hérédité, toutes ces choses préparaient néanmoins le système des fiefs.

La capitulation de Seltz établissait le christianisme, par conséquent les évêchés. La Westphalie fut divisée en diocèses. Les évêques et les comtes se surveillèrent mutuellement au bénéfice de la souveraineté. La vieillesse de Charlemagne amena de nombreux priviléges en faveur du clergé. Les dîmes ecclésiastiques pesaient déjà sur le peuple; il y ajouta une foule d'immunités et de droits temporels: ses dernières volontés furent avantageuses aux ministres de la religion. Nous devons toutefois ajouter qu'il

sut faire observer la discipline de l'é-
glise, qu'il mit des bornes à la puissance papale et que ce fut sans l'assentiment de Rome qu'il créa les évêchés
saxons. (1)

Nous avons dit que de grands changements eurent lieu dans la législation
durant cette période. Les deux recueils de lois écrites, le code saxon
et les capitulaires du roi Franc en
font preuve. Le premier de ces recueils, marqué au coin du droit romain, est encore, malgré ses imper-
fections, un des beaux monuments de
la Germanie. Les capitulaires promul-
gués par Charlemagne étaient préalablement discutés dans les assemblées
ou champs, composés d'hommes privilégiés et d'évêques. Les capitulaires
furent entés sur les anciennes lois

(1) Voy. *Berck. Gesch d. Vehm. Gericht.*

saxonnes: ils eurent seuls un effet réel. Le traité de Selz garantissait aux Saxons leurs droits et leur liberté, autant que ces droits et cette liberté s'accorderaient avec l'administration des Francs, la religion nouvelle et la sûreté de l'empire. Cette clause intéressante pour les peuples fut interprêtée à la manière du pouvoir absolu. La composition passa en Saxe telle qu'elle était admise par la loi salique. Toutefois, certains crimes voulaient la mort: celui de lèze-majesté, la rebellion, l'hérésie opiniâtre, et même le vol s'il était considérable. L'argent rachetait tout le reste. Un noble crevait l'œil d'un vilain au moyen d'une centaine de sols; les deux yeux coûtaient le double: le vilain qui élevait la main pour frapper un noble en payait 1440, somme alors exhorbitante. Le coupable qui voulait s'assurer entièrement l'impunité, ajoutait au prix de la composition le tiers de la somme qu'il payait à l'état; il était alors sous la protection de l'empereur. Cet impôt se nommait *fredum*: la composition était le prix du sang, le fredum était le salaire des juges. La loi infligeait en quelques cas l'exil et la prison. Les tempestaires, sorte de prophètes, qui vivaient de la crédulité du peuple, sans payer tribut à l'église, furent maintes fois incarcérés.

Les tribunaux criminels et civils (ils n'étaient pas encore distincts), furent aussi l'ouvrage de Charles. Il conserva les juges de circonscription qui reçurent le nom de *holzgraves* (1). Les assemblées de bourgs et de paysans furent aussi maintenues. Nous

(1) Juges des bois.

avons vu la Westphalie divisée en
comtés : une circonstance plus importante pour les Saxons fut la jurisdiction que Charlemagne accorda à ses
comtes. Le clergé et la haute noblesse
furent seuls dispensés de comparaître
devant leur tribunal. Ils jugeaient
tantôt en première, tantôt en dernière instance. Ils eurent des grands
plaids et des petits plaids. Ceux-là
avaient lieu trois fois l'année. L'appel était porté devant des commissaires royaux, délégués spécialement,
ou devant l'empereur. Celui-ci nommait les comtes ; il les prenait dans
la noblesse, et soumettait quelquefois
plusieurs comtes à un seul de ces magistrats. Ils avaient alors des sup-
pléants, vicaires ou vicomtes qui
étaient à la nomination des comtes.
Les comtés, divisés en centenies,
avaient en outre un centgrave. C'é-

tait encore un noble. Ses assesseurs, nommés décans ou décurions l'étaient aussi. Les rouages de la machine aristocratique, essentiellement destructive de l'ancien esprit national, se multipliaient à l'infini.

Outre ces tribunaux, on en voit encore d'autres d'un ordre inférieur. Les tribunaux particuliers qui jugeaient des affaires du peuple; les tribunaux des mann, *judicia mannorum*, les tribunaux provinciaux, *landsidelia*, de canton, *huba*; toutes ces jurisdictions prenaient connaissance des démêlés entre les serfs, les cultivateurs, etc. Il ne faut pas confondre les tribunaux particuliers pour le peuple, avec ceux qui furent institués dans la suite, et qui étaient une justice souveraine. Les évêques eurent aussi la jurisdiction temporelle. Déjà, avant Charlemagne, les chrétiens opprimés sous les chefs payens, cherchaient un refuge et un appui auprès de leurs prêtres. Ceux-ci exerçaient une sorte de justice volontaire. Le clergé devenu puissant changea cette tolérance en nombreux priviléges. Il eut des vassaux, des bénéfices et des tribunaux. Il n'osa d'abord les présider en personne, et se fit remplacer par des baillis ou vidames. Cette réserve, dictée par la politique et qui convenait si bien aux ministres des autels, fut de courte durée; les tribunaux synodaux en sont la preuve.

Pépin avait en 755 permis aux évêques d'exercer une surveillance sur les clercs et les laïques, et de leur faire observer les lois de l'église. Charles confirma ce droit dans ses capitulaires; il leur recommanda de parcourir leurs diocèses, d'y réprimer l'impiété et l'inconduite. Ces tribunaux ambulatoires nommés *synd* ou *synding.* (*Judicium synodale*) étaient une inquisition véritable. On y punissait le meurtre, l'adultère, la magie, l'hérésie, les fausses prédictions, etc. Les comtes et leurs officiers étaient eux-mêmes soumis à ces cours d'enquêtes; trouvés en faute, ils étaient dénoncés à l'empereur ou à ses commissaires et excommuniés. Les évêques qui ne pouvaient suffire à la multiplicité de ce genre d'affaires, s'adjoignirent des archidiacres, qui précédaient leurs maîtres dans les tournées et s'occupaient de la menue justice. L'évêque venait ensuite et nommait sept familiers parmi les plus pieux, les plus attachés à l'église. Ce furent les *testes synodales.* Leurs fonctions étaient de dénoncer. Les coupables étaient soumis à une amende pécuniaire, à des pénitences paternelles un relaps était excommunié et livré au bras séculier. Cet acte est désigné sous le nom d'*imploratio bracchii secularis* (appel au bras séculier).

Les *missi dominici* ou *palatini* étaient des inquisiteurs politiques. Ils avaient, comme les rechercheurs spirituels, un cercle *(missiaticum)* à parcourir. Le tribunal des *mis* recevait les plaintes des évêques contre les comtes, et celles des comtes contre les évêques. L'espionage et la délation étaient merveilleusement organisés. Le dernier des sujets pouvait porter ses plaintes aux missi; en cela, du moins, la politique se trouvait d'accord avec l'équité.

Il résulte de tout ceci que les évêques et les comtes administraient les provinces saxo-westphaliennes. Leurs différends étaient portés devant l'empereur, juge suprême; car ils ne voulaient pas reconnaître la compétence des mis. Les querelles des nobles et des prêtres occupaient sans cesse Charlemagne. Fatigué de ces éternels débats, il institua pour les terminer, les deux charges de comte palatin, et d'archi-capellan. Ces deux grands officiers, l'un civil, l'autre ecclésiastique, remplaçaient immédiatement l'empereur, et étaient investis de ses pouvoirs.

Les procédures avaient également pris un nouveau caractère. Le *bannum sanguinis*, droit de vie et de mort qui s'exerçait par le peuple assemblé, n'était plus qu'un des attributs de la puissance royale. Les tribunaux qui, durant la première période, se tenaient sous un arbre, en rase campagne, furent établis dans les cimetières. Les Saxons n'ayant jamais voulu se résoudre à se rendre dans un lieu fermé et couvert, le vieil usage des ancêtres fut maintenu. La maxime *point d'accusateur, point de juge* prévalait encore. On s'efforça de la circonvenir par des distinctions d'abord morales, puis politiques. Les prétendus magiciens, les adultères, les histrions, les juifs, les hérétiques n'étaient plus admis au témoignage d'accusation, on étendit l'exclusion aux serfs qui accusaient un homme libre, aux laïques qui se plaignaient d'un clerc : c'était légaliser l'oppression. Des échevins, *Scabini*, assistaient les juges, et faisaient l'application de la loi. On les choisissait parmi les propriétaires libres. Tout homme de cette condition était éligible. La couronne faisait l'élection par l'organe des mis. Les Rachimbourgs ou *Rath-in-burg* paraissent avoir rempli les mêmes fonctions que les échevins. Les

sagibarons différaient beaucoup de ces
deux classes auxquelles ils étaient su-
périeurs. On les consultait dans les
cas difficiles. La présence de huit d'entr'eux était nécessaire dans un tribunal. Le *bannitio* était la citation en
matière criminelle, si l'on refusait d'y
obéir, la proscription, *forbannitio*,
suivait immédiatement. Ce ban était
de deux sortes, l'un *irban* atteignait
le coupable dans tout l'empire; le second, *meziban*, dans un comté seulement. L'accusateur devait comparaître en personne. Il était accompagné
d'avocats, *clamatores*, *causidici*, et
dans le cas de flagrant délit, de témoins. Les capitulaires rejettent le témoignage d'un seul. L'accusé se purgeait par son propre serment ou par
celui de ses amis, *conjuratores*. Les
épreuves complettaient la justification.
Les ministres de l'évangile imitèrent

les prêtres payens qui, autrefois, avaient le monopole de la crédulité des peuples; les miracles furent une source de revenus, et les preuves d'innocence eurent leur tarif. Toutefois, leur habileté échouait devant le duel judiciaire. Les nobles, habitués au maniement des armes, se justifiaient de cette rude façon, dépouillée du moins d'astuce et d'hypocrisie. Les échevins prononçaient l'arrêt. Il n'y avait plus d'asiles. Les églises n'offraient plus de refuge au criminel; il en était arraché et conduit à la mort.

Ce tableau rapide de l'état social dans les provinces saxonnes, montre les progrès que faisait la civilisation dans le nord. Les institutions du réformateur ont été vues sous des aspects divers. Charlemagne n'est pas aux yeux de Gibbon ce qu'il paraît à ceux de Montesquieu. On a dit de lui que ses institutions furent aussi sanglantes que son glaive. On a admiré l'étendue de son regard, la profondeur de sa politique : l'éloge est fondé aussi bien que le blâme. Le zèle de Charles à introduire les sciences et les arts chez ces hommes qui ne connaissaient que les armes provient de sa clairvoyante ambition : il avait compris que pour asservir un peuple neuf et sans instruction, il faut l'énerver par la civilisation, politique moins cruelle que celle de replonger un peuple éclairé dans l'ignorance pour le courber sous le despotisme.

LES PROVINCES SAXO-WESTPHALIENNES DEPUIS CHARLEMAGNE JUSQU'A L'EXTINCTION DE SA MAISON DANS LE NORD.

QUAND Charlemagne, chargé de soixante et douze années, quitta l'empire et la vie, les provinces saxonnes jouissaient d'une paix profonde. La hache avait soumis les chefs et converti les Saxons; ceux qui avaient échappé au fer des soldats de Charlemagne et aux bûchers des évêques, pouvaient alors apprendre le grec et le latin dans l'école que l'évêque Wiho avait fondée à Osnabruck. Les arts agricoles et industriels faisaient des progrès, et la Westphalie, arrosée durant trente années du sang de ses habitants, était devenue fertile;

ces biens, fruits de tant de maux, ne tardèrent pas à disparaître sous la féodalité.

Les fils de l'empereur, Charles et Pépin, l'avaient précédé dans la tombe. Un autre de ses fils, né de sa femme Hildegarde, lui succéda. La postérité l'a nommé débonnaire ; les contemporains le nommaient Louis le pieux : son caractère fut un mélange de faiblesse et de superstition. Un penchant déréglé pour les pratiques d'une minutieuse dévotion, la funeste influence de l'exemple donné par son père du partage des états entre ses enfants et l'ascendant qu'exerçait sur lui sa femme Judith le perdirent. Ses fils Lothaire, Pépin, Louis, et 829. bientôt Charles furent associés à l'empire. Les trois aînés devinrent des rebelles. Un abbé, son parent, conspira contre lui. Des évêques firent soulever

ses sujets. Un pape le trahit et le livra à ses enfants dénaturés, et le monde
vit sur un cilice un empereur, fils
de Charlemagne, agenouillé, sans
baudrier et sans épée, le visage contre terre, demandant humblement
pardon à ceux qu'il avait comblés de
ses bienfaits (1), et déposé par un 833.
prélat qu'il avait tiré d'une condition servile. Sa mort fit cesser tant 84c.
d'outrages, mais non tant de désordres. Lothaire, Charles et Louis
de Bavière, que la mort avait délivrés de leur père et de leur frère Pépin, se trouvent chacun trop à l'étroit
quoique possesseurs ensemble des trois
quarts de l'Europe. Cent mille hommes tués aux champs de Fontenay,

(1) « Et les esvesques l'ayant exhorté de
» dire publiquement ses crimes, il les déclara
» selon l'escrit qu'ils lui en avaient baillé, dit
» le bon homme Mézéray. »

et la défaite de Lothaire par Charles
et Louis ne suffisent pas aux haines
de ces frères ennemis qui, long-temps
encore, firent couler le sang, du Rhin
jusqu'aux Alpes. Enfin le traité de
Coblentz assura la Germanie à Louis
de Bavière. Il prit le nom de Germanique, et les Saxo-Westphaliens le
845. reconnurent pour maître. Louis le
Germanique, après avoir long-temps
combattu en Saxe, tantôt les Huns,
tantôt les Bohêmes, tantôt les Normands, se joignit à ces derniers pour
aller accabler son frère, Charles-le-
Chauve, et la France fut envahie. Un
de ses fils, digne d'un tel père, s'é-
tant révolté contre lui, le força de
rétrograder. Après l'avoir soumis, il
se préparait de nouveau à marcher
contre Charles, lorsque la mort le
876. surprit dans ses haineux desseins.
Trois de ses fils se partagèrent ses

états. Louis, son fils rebelle, eut la Friese, la Thuringe et les provinces saxo-westphaliennes. Il mourut bien-881. tôt ainsi que deux rois de France ses neveux (1), et la mort ne se lassant pas de frapper cette famille, les couronnes éparses de Charlemagne se réunirent sur la tête de Charles-le-gros, le prince le plus incapable de supporter un poids aussi pesant.

Au nord, vaincu par les Normands, dépouillé au midi par les Sarrazins, méprisé par ses sujets, couvert d'opprobre par les siens, Charles-le-gros eut encore à se défendre de la rebellion. Tant de soins affaiblirent son cerveau débile. Il ne lui restait plus qu'à subir les humiliations de Louis-le-faible. Il les trouva dans le village de Tribur. Une prétendue diète , 887.

____

(1) Louis et Carloman.

composée de quelques barons saxons et
bavarois disposa de l'empire. Ce dernier chagrin précipita le monarque
dans la tombe. De deux empereurs
que nous avons vu déposer durant
cette période , l'un le fut par le
clergé, l'autre par la noblesse. L'empire n'était plus qu'un siége vermou-
lu, mais ce siège était celui de Charlemagne. Eudes ou Oddon, comte de
Paris, Adolphe, fils d'un autre comte,
le fils de Bozon roi d'Arles, Guy duc
de Spolète, Béranger duc de Frioul,
se disputèrent, s'arrachèrent les débris
de la couronne. Des troupes de brigands parcoururent l'Europe. Les nobles à l'abri de leurs crénaux, commirent mille exactions; la chevalerie
s'établit. Les évêques de France, qui
n'étaient pas des paladins et qui ne
pouvaient participer aux plaisirs et
aux bénéfices chevaleresques, se las-

sèrent de l'anarchie. Ils élurent Arnould, bâtard de Carloman de Bavière. Son règne en Germanie fut 889.
marqué par des désastres sans nombre. Les Slaves abodrites, venus des
bords de la mer baltique, les Mora-
ves, les Huns, les Normands la ra-
vagèrent : c'était aussi de la chevalerie
à leur manière. Arnould les défit et
fit cesser leurs pillages. Il fut moins
heureux avec les évèques et les abbés
de Saxe et de Franconie qui, du fond
de leurs couvents, envoyaient des sol-
doyers dévaster en leur nom et souvent en sortaient pour désoler en
personne ces provinces. Arnould se
préparait à les punir, lorsqu'il mou- 899.
rut, les uns disent d'une maladie,
les autres de poison.

Louis IV empereur à six ans
mourut à vingt : ce fut le dernier 911.
des enfants de Charlemagne. Leur

histoire est une longue suite de haines, de faiblesses et de crimes.

Revenons un peu sur ces événements: nous verrons l'influence qu'ils
eurent sur l'état social des provinces
saxonnes. La suzeraincté et les fiefs
héréditaires s'établirent durant cette
époque. L'amour de la patrie est une
vertu de peuple libre: les Saxons as-
servis ne marchaient plus si facile-
ment au combat. Le temps des hermannies volontaires était loin d'eux,
et les dangers du heerban, cette
conscription qui les avaient rempla-
cées, s'alliaient peu avec leur insou-
ciance. Ceux qui voulurent s'en affranchir, et ce fut le plus grand nombre, n'hésitèrent pas à doubler le
poids de leurs chaînes en se rendant
esclaves de la noblesse et du clergé,
qui comptaient parmi leurs nombreux priviléges celui d'exempter leurs

vassaux du service militaire. La tyrannie des seigneurs et des officiers
royaux contribua également à l'établissement de cet ordre de choses. Les
missi de Charlemagne, tombés en dis-
crédit vers la fin de son règne, ré-
tablis par son fils, s'étaient entièrement perdus dans l'ébranlement donné, sous Charles-le-gros, à la machine
législative. Louis le germanique, qui
avait prévu la chûte de cette institution, avait cherché à la remplacer par
celle des ducs. Mais ces derniers, à
peine installés dans leurs districts,
eurent à les défendre contre les entreprises des Normands. Toujours en
armes, ils ne purent songer à leurs
fonctions civiles. Au dedans, le pouvoir demeuré sans représentant, fut
envahi et morcelé par les grands ter-
riens laïques et ecclésiastiques. Le
sort des petits propriétaires fut des

plus misérables. Il leur fallut acheter,
non au prix de la liberté civile qu'ils
n'avaient plus, mais de leurs personnes et de leurs biens, la protection
des évêques et des barons, qui usur-
pèrent ainsi à la fois les prérogatives
du trône et les droits du peuple.
L'oppression des grands vassaux fut
d'autant mieux organisée. On éleva
des châteaux d'où le seigneur sortait
pour saisir impitoyablement les troupeaux et incendier les habitations de
ceux qui lui refusaient hommage.
La superstition contribua beaucoup
aussi à ces tristes résultats. Les Saxons étaient enfin devenus zélés
chrétiens. Ils accouraient se mettre
sous la protection du saint ou de la
madone d'un monastère. Heureux
de faire accepter à l'abbé le tribut de
leurs troupeaux et de leurs abeilles,
en échange de la protection céleste.

Bientôt leur piété, nourrie sur ce sol sacré, les vouait irrévocablement au service de la congrégation. Le seigneur suzerain, outre la contribution annuelle, exigeait encore certaines corvées; il avait droit à la meilleure part de l'héritage et souvent à l'héritage entier de ses vassaux, qui se reposaient, il est vrai, sur lui du soin de les défendre. Les diètes qui s'étaient élevées sur les anciennes assemblées populaires, ne furent plus composées, depuis Louis-le-pieux, que de nobles et de seigneurs ecclésiastiques. Un petit nombre d'hommes libres y fut encore admis, mais ces derniers devenaient de jour en jour plus rares. Nous avons vu la servitude faire abolir les hermannies et l'affaiblissement de l'esprit national éclaircir les rangs du heerban qui, sous l'autocratie de Charlemagne, faisait toute la force du monarque; cette circonstance est commune dans l'histoire; la destruction de la nationalité amène presque toujours celle de l'autorité souveraine. Sous Charlemagne les comtes convoquaient leurs vassaux au nom de l'empereur, sur son ordre et pour son service. Sous Louis le germanique, les ducs transmirent l'ordre du heerban aux comtes leurs vassaux, qui, à leur tour, le transmettaient à d'autres vassaux et ainsi jusqu'aux derniers jalons de l'échelonnage aristocratique. Les ducs saxons, cette dignité incompatible avec la politique de Charlemagne, avaient été supprimés par ce prince. Après sa mort, trois causes s'unirent pour en rendre le rétablissement nécessaire: le droit du plus fort (1) qui

____

(1) Nommé *le droit du poignet, das Faustrecht.*

chaque jour rencontrait moins de contradiction ; l'influence des Missi qui diminuait et menaçait de s'éteindre entièrement, et les Wenèdes et les Normands que déjà Charlemagne avait redoutés et qui recommençaient leurs incursions avec une audace que rien ne semblait pouvoir réprimer. Louis le germanique choisit Ludolphe pour les arrêter. Il l'investit d'un pouvoir plus étendu encore que celui des anciens ducs et eut à la fois la prudence de n'y attacher ni suzeraineté ni hérédité, et la faiblesse de transmettre, après la mort de Ludolphe, le duché de Saxe à Bruno, fils de celui-ci, et de souffrir que ce Bruno, resté glorieusement sur le champ de bataille de Ebsdorf (880) fut remplacé par son jeune frère Othon qui devint père de Henri l'Oiseleur. (1)

(1) Scheppach. — *Sœchsische geschichte*

La vieillesse de Charlemagne avait augmenté la puissance du clergé, mais l'empereur savait le diriger dans le sens de sa politique. L'amitié du pape lui avait paru nécessaire; il avait su en profiter et la faire servir à ses vues. Il n'en fut pas ainsi de ses successeurs : leur faiblesse consolida les prétentions de Rome sur les empereurs, développées plus tard par Grégoire VII, Innocent III, Boniface VIII et au moyen des fausses décrétales. Je n'entreprendrai pas de dépeindre le despotisme théocratique de cette époque; ce tableau rentre dans le domaine de l'histoire spéciale de la Germanie. Je dirai toutefois que le clergé westphalien ne demeura pas en arrière du luxe scandaleux et de l'insolence de cette classe. Le nombre de ses serfs, son attirail de cour et son train de guerre ne le cédèrent

en rien à l'état des seigneurs temporels les plus puissants. Cependant les
moines, divisés en communautés répandues dans les campagnes, contri-
buèrent à la culture des terres et aux
progrès de l'industrie. Il est juste de
le dire; mais aussi nous les verrons
acquérir des biens, devenir puissants, oublier la discipline et se rendre indignes de l'estime publique.
L'abbaye de bénédictins fondée à
Corbie en Westphalie, (1) mérita surtout alors la reconnaissance publique.
Dûe à un vœu de Charlemagne, dé-
finitivement accompli par son fils,
elle fut d'abord établie en 815, dans
la forêt de Sollingen, et transportée
en 822 par Louis-le-pieux, dans la

____

(1) Il existait une communauté de ce nom
en Picardie; celle dont il est ici question (en
allemand *Corwey*) a un prince souverain pour
abbé.

vallée du Wéser. Louis le Germanique la dota en 844 de la propriété de l'île de Rugen. Ses successeurs imitèrent sa générosité et les biens qu'ils lui accordèrent ainsi qu'à d'autres couvents, firent naître une troisième tête à la monstrueuse féodalité: à la tyrannie des barons et à celle des évêques se joignit le despotisme monacal.

On a vu que les archevêques saxons, c'est-à-dire que ceux de Cologne et de Mayence, seuls métropolitains, s'étaient arrogé la surveillance des nouveaux évêchés; une borne fut placée en 834, à leur jurisdiction. Ce fut l'évêché de Hambourg, fondé par la diète de Diedenhofen, en faveur du missionnaire Anschaire, qui joignit à son siége celui de Brême, ou plutôt le transporta dans cette ville deux ans après l'incendie de Hambourg par les Normands (845), lors de la mort de l'évêque Ludevich. Cologne fit valoir ses prétendus droits sur Brême. Rome les rejeta et érigea les deux évêchés en un seul archevêché. Le concile tenu à Tribur par le pape Formose, remit plus tard Brême et Hambourg sous l'autorité de l'archevêque de Cologne. Ce décret fut révoqué (904) par Sergius III, et l'indépendance des deux siéges reconnue. Ce nouvel archevêché, qui étendait sa jurisdiction sur cette partie de l'ancienne Westphalie qui comprend le territoire de Brême, le duché d'Oldenbourg et les comtés de Hoya et de Diepholz, contribua à l'amélioration de l'esprit public dans cette partie du nord où la corruption pénétra plus lentement.

Les capitulaires de Charlemagne furent en honneur durant cette pé-

riode. Louis-le-pieux et Charles-le-
Chauve en firent distribuer des copies
aux comtes et aux évêques ; en 827,
l'abbé Ansegise en fit une collection.
Elle fut continuée par le bénédictin
Lévita, qui y joignit des passages du
droit canon ; un anonyme y ajouta
quatre livres. Ces recueils eurent une
grande influence sur la législation.

Les comtes étaient encore de véritables officiers civils, toujours en
possession de rendre la justice, et
bien que les usurpations du clergé et
de la noblesse les eussent rendus singulièrement différents des comtes de
Charlemagne, ils étaient néanmoins
plus encore que de simples juges. La
jurisdiction ducale s'était élevée sous
Louis-le-Germanique au-dessus des
tribunaux de comté. Les ducs jugeaient en premier et en dernier ressort. En dernier ressort, en cas d'appel

du jugement des comtes; et en premier, en cas de délits hors de la
compétence de ceux-ci. L'appel de la
sentence ducale allait à l'empereur.
J'ai énoncé les motifs qui avaient si
rapidement fait diminuer le nombre
des propriétaires libres, peu de biens
relevaient directement de l'empire,
il s'en suivit qu'il fallut augmenter
le nombre des tribunaux particuliers
qui jugeaient des démêlés entre serfs:
nouvelle source de puissance pour les
seigneurs devenus justiciers. Les évêques que Charlemagne avait affranchis de la jurisdiction laïque, auxquels il avait accordé la surveillance
du bas-clergé, sauf appel et avec la
clause de n'exercer la haute justice
que par des baillis, nommés par la
couronne, les évêques voulurent désormais juger sans appel, nommer eux-
mêmes leurs baillis et se soustraire à

5*

l'autorité des métropolitains. Les désordres de l'empire et la chûte du tribunal des mis, permirent à la plupart des prélats d'effectuer ces envahissements.

Les ordalies ou épreuves demeurèrent en vigueur. Les compositions ne furent plus si générales, et la puissance du clergé s'y fit sentir. La mort d'un évêque devint plus difficile à racheter que celle d'un prince. Les institutions de Charlemagne subsistaient encore, les racines profondes qu'elles avaient jetées les soutenaient au milieu des tempêtes politiques. Ce n'est que dans la période suivante, que nous les verrons s'écrouler au milieu des secousses données à l'empire par les compétiteurs qui se disputaient l'autorité, et faire place à l'anarchie la plus effroyable.

LES PROVINCES SAXO-WESTPHALIENNES DEPUIS L'EXTINCTION DES CARLOVINGIENS DANS LE NORD JUSQU'A L'APPARITION DES COURS WEHMIQUES.

CONTINUONS de retracer les événements. Leurs suites et leur influence se développeront ensuite sans efforts. Après la mort de Louis l'enfant, les Germains, délivrés de la race de Charlemagne, élurent pour empereur un Germain: Conrad duc de Franconie. Conrad appartient d'autant plus à ses compatriotes que la France et l'Italie ne voulurent jamais le reconnaître. Il eut à lutter pendant tout son règne contre ses grands vassaux et ne put empêcher les évêques Westphaliens de s'affermir dans leurs fiefs. Celui qui lui succéda fut un

de 913 à 919.

duc de Saxe : Henri l'Oiseleur, qui
920. fut élu par une assemblée plus
nationale que les précédentes; car
quelques bourgades qui avaient pro-
fité de l'anarchie pour recouvrer la
liberté, y eurent voix délibérative.
Les villes d'Italie avaient donné
l'exemple de ces recouvrements de
droits. Henri I.er rendit de grands
services à la Westphalie. Il repoussa
à l'aide des milices qu'il avait composées de vassaux et d'arrière-vassaux
les bandes de Huns qui infestaient
encore l'empire. Ses victoires perpé-
tuées par la tradition, sont chantées
par les Saxons modernes et des légen-
des populaires signalent encore le
lieu de ses combats. (1) Pour arrêter

(1) On montre encore auprès de Dortmund
un étang où Henri précipita des milliers de ces
barbares, et qu'on nomme *le bain des Huns*, et
certaines élévations tumulaires communes en

les ravages des barbares, Henri éleva des villes qu'il fortifia de murailles et de tours. Il prit le neuvième homme dans ses provinces et le mit en garnison dans les villes. On lui doit Erfort, Brandebourg, Sleswick, Gotha, Goslat, etc. Il voulut réduire l'Italie, la mort, heureusement pour l'Allemagne, peut-être, arrêta ses desseins. Il paraît que la couronne était 936. redevenue élective, et bien que Othon fut le fils de Henri-l'Oiseleur, il dut se soumettre aux suffrages des ducs, des barons et des évêques. A peine avait-il affermi sur sa tête la couronne que l'archevêque de Mayence venait d'y placer, que les Huns et les Hongrois s'avancèrent de nouveau en Westphalie. Il les repousse. Fier de ce succès, il veut gouverner des-

Allemagne, sont désignées sous le nom de *tombes des Huns.*

potiquement, ce n'était pas le compte
des seigneurs des grands fiefs: nouveaux désordres, la nation ne prend
aucune part à ces débats dont l'issue
est toujours pour elle l'esclavage.
Dire que la France soutint la cause
de la féodalité contre le souverain,
c'est faire connaître l'état politique de
la France à cette époque. L'ambition
d'Othon l'aveugla tellement qu'il
augmenta la puissance des évêques
pour balancer celle des barons. Othon
fit l'archevêque de Mayence archi-
chancelier de l'empire. Sous son règne, qui fut celui d'un grand guerrier, des évêques d'Allemagne et des
moines devinrent princes. Les archevêques de Magdebourg fondèrent leur
puissance. Son fils Othon II, déjà élu
empereur à Rome, hérita de l'ambition et des vues de son père. L'Allemagne se souleva. Henri de Bavière,

couronné empereur par l'évêque de Freisingen, fut vaincu par Othon 976. et envoyé en exil à Elrich avec un autre évêque, celui d'Augsbourg, son partisan. Ces brillants résultats de la politique du père ne désillèrent pas les yeux du fils. Attaqué dans l'Italie par les Grecs et les Arabes, il songe d'abord à l'église, il assemble un concile et s'occupe, lorsqu'il devrait combattre, à faire confirmer l'érection de Hambourg et de Brême en archevêché. Il meurt enfin à Rome, laissant à l'Allemagne les maux des factions et un fils de dix ans. Au bruit de la mort d'Othon, Henri de Ba- 984. vière quitte sa prison et vient disputer l'empire au fils de son ennemi : il est encore malheureux. Othon III trouve des appuis. Ce simulacre de roi, confié aux soins de l'archevêque de Mayence et de l'évêque d'Ildesheim promettait encore long-temps l'autorité aux prélats. Ils le défendirent avec zèle. Leur élève confirma tous les priviléges ecclésiastiques. Guerrier comme ses ancêtres, il se fit reconnaître à Rome, chassa les barbares du nord et bientôt forcé de repasser les Alpes pour punir les défenseurs de la liberté italique, il mourut à Paterno sans enfants. Othon II avait été le tuteur du clergé; Othon III en fut le pupille. A la mort de ce dernier, une grande crise se préparait. L'Allemagne abandonnée aux partisans de vingt seigneurs qui prétendaient à l'empire, était près de perdre entièrement l'Italie. La France ayant l'anarchie au nord et au midi, était menacée de ressentir les effets de ce triste voisinage. Les provinces saxowestphaliennes acquirent sous cette branche aînée de Saxe une grande

influence dans l'empire. On doit surtout l'attribuer à l'investiture du
duché de Saxe accordé par Othon I
à Hermann. Nous reviendrons sur
ce fait. A la mort d'Othon III les provinces westphaliennes éprouvèrent
le sort des autres états de l'Allemagne. L'infatigable Henri de Bavière
se présente de nouveau avec toute
l'expérience que donnent les revers.
Il s'empare de Strasbourg, déclare
son compéttieur Hermann ennemi
de l'empire, ravage la Souabe, entre
en Saxe, force les archevêques de
Brême et de Hambourg de déposer
les armes et se fait reconnaître. Une
fois sur le trône, tant de résolution
s'évanouit. Le prélat westphalien
Meinwerc, évêque de Paderborn,
arrache de nombreux priviléges à la
faiblesse de Henri II. Un évêque
l'appelait en Italie, il dépose son

épouse entre les mains de l'archevêque de Magdebourg, et passe les Alpes ; un autre évêque les lui fait repasser, celui de Wurtzbourg, lequel irrité de l'établissement d'un siége épiscopal à Bamberg, favorisait les troubles. Henri revient en hâte pour apaiser la turbulente colère du prélat. Un concile s'assemble, l'empereur s'y prosterne devant les évêques et ne les met pas d'accord. Cependant, on s'égorge dans l'empire. Las de tant de troubles, Henri va se faire chanoine à Strasbourg. C'était rester sous la dépendance des évêques. Il le sent et s'arme de nouveau. L'aventureux chanoine repasse les Alpes du Tyrol, va se faire couronner à Rome avec Cunégonde, cette épouse laissée au prélat de Magdebourg et que la bizarre épreuve du feu venait de laver de l'accusation d'adultère. Puis il soumet la Lombardie, traverse la France et vainqueur de l'Allemagne et de l'Italie, ne peut se défendre en passant auprès du monastère de Saint Val de la pensée de se faire moine. Le supérieur s'y oppose et l'empereur refusé par un obscur abbé, va se consoler en guidant contre les Grecs et les Mahométans une grande armée composée en partie d'archevêques et de leurs vassaux. De retour dans ses états du nord, sa vie s'écoule dans une profonde paix et s'éteint au milieu des Saxons, frappés de ses extravagances, de sa faiblesse, de sa rare valeur et de sa justice. Conrad le Salique lui succéda. On ne saurait trop louer son zèle à maintenir l'ordre public. Il introduisit en Saxe l'institution bourguignone de la trève de Dieu. Cette loi qui, selon Voltaire, défendait aux seigneurs et aux barons

1024.

de 1025 à 1039.

de se tuer les dimanches et les fêtes,
était digne de ces temps de barbarie.
Elle fut mal observée ; l'anarchie
s'organisait. Depuis Charlemagne ,
nul empereur ne s'était présenté
aux Saxons avec plus de fermeté
que Henri III. L'aristocratie sécu-
liaire et cléricale fut abaissée sous
ce prince. Elle s'en vengea sur
son fils. Henri IV plia sous le joug,
1213. l'Allemagne devint en proie à la
plus horrible confusion. Le droit
de rançonner les voyageurs fut plus
que jamais une prérogative féodale,
celui de dépouiller les vassaux fut
exer é journellement. L'empereur
lui-même devint victime de cet esprit de brigandage. Une ligue composée de seigneurs et d'évêques lui
disputa ses états pendant quelques
années. Les seigneurs furent vaincus,
mais non les prélats. Ils se servirent

de Rome, l'excommunication, ce brandon de discorde, fut lancée au milieu de l'Allemagne contre le souverain. Après de longs combats, Henri se vit obligé de céder. Abandonné, trahi par son fils, il mourut misérablement, frappé de douleur et demandant vengeance contre ce parricide. La vengeance arriva, Henri V eut à son tour à essuyer l'arrogance des évêques et des grands. Les provinces saxo-westphaliennes accablées de misère se révoltèrent, ce ne furent que massacres et pillage, que servitude et despotisme.

C'est avec du sang qu'il faudrait écrire l'histoire de tous ces règnes: les marches du trône en furent baignées sous Lothaire de Saxe, sous Conrad III, sous Frédéric Ier, sous Henri VI, sous Othon IV et son antagoniste Philippe de Souabe; l'épée

avait tranché tous les liens sociaux,
et l'on s'étonne de retrouver après
ces désastres encore quelques pages
aux annales germaniques, et de ne pas
arriver à l'entière dissolution de l'em-
1214. pire.

Durant le cours de ces désordres,
on proclama de temps en temps cette
trève de Dieu, *treuga*, qui devait
suspendre les guerres privées. La première proclamation de la trève de Dieu
en Allemagne est dûe, comme nous
l'avons dit, à Conrad le Salique. Il fut
arrêté qu'aucun seigneur ne pourrait
en attaquer un autre depuis le mer-
credi soir jusqu'au lundi matin sous
peine d'excommunication et de ban-
nissement. Outre cette loi générale,
les provinces germaniques eûrent chacune leurs trèves particulières. En
Westphalie, déjà vers l'an 1083, l'archevêque de Cologne Sigwin s'unit

aux évêques westphaliens pour établir la trève de Dieu et faire déposer les armes tous les vendredi, samedi et dimanche, depuis l'avent jusqu'à la pentecôte, ainsi qu'aux vigiles et aux fêtes. (1) En 1085, Henri IV défendit aux Saxons de guerroyer entr'eux sinon quarante jours après l'offense qui avait donné lieu à la querelle : l'anarchie dut croître beaucoup, car en 1187, Frédéric publia un nouvel édit de trève qui réduisait le délai à trois jours : enfin en 1235, Frédéric II défend entièrement les guerres particulières, à moins d'un déni de justice. L'esprit guerrier des Saxons et le manque absolu de puissance coactive empêchèrent que ces ordonnances ne produisissent d'heureux effets. La Germanie, désolée par les contes-

____

(1) Heinrich. *Deutsche reichsgesch. B.* 11.

tations meurtrières des grands, ne devint cependant entièrement en proie à la confusion anarchique que vers l'affreuse époque de la proscription de Henri le Lion, circonstance qui exerça la plus grande influence sur le sort et la constitution des provinces saxo-westphaliennes, et selon le plus grand nombre d'historiens, donna naissance aux cours wehmiques. Il devient nécessaire de jeter un regard sur cette partie de la Saxe, leur berceau.

Nous avons vu qu'Othon accorda l'investiture du duché de Saxe à Hermann. Le système d'hérédité qui se préparait déjà, quant à la Saxe, sous Louis le Germanique, prévalut à la mort d'Hermann. Son fils Bernard Ier lui succéda, et de fils en fils Bernard II, Ordulf et Magnus, gouvernèrent ces provinces. Ce dernier

ne laissa que deux filles: l'aînée, Wulf-
hide, épousa Henri le Noir, duc de
Bavière ; l'autre Eilika ou Elise, fut
unie à Othon d'Ascanie. Selon le principe héréditaire des fiefs, le duché
devait passer à Henri le Noir ; mais
le bon plaisir de Henri V, alors régnant, en investit Henri de Supplinbourg. Quand le fils de Henri le Noir,
Henri le Superbe eût épousé la fille
de Lothaire, le duché de Saxe lui revint et fut réuni à la Bavière. Conrad III, successeur de Lothaire s'é-
leva contre cet arrangement sous le
prétexte qu'un duc ne pouvait posséder à la fois deux duchés, et sur le
refus de Henri de se laisser dépossé-
der, il le mit au ban de l'empire. On
donna la Bavière au margrave d'Autriche, et la Saxe à Albert l'ours, fils
d'Othon d'Ascanie et d'Elise. Albert
voulut en vain se mettre en posses-

sion de la Saxe; elle resta à la maison de Guelfe. La Bavière passa à l'Autriche. Henri le Lion, fils de Henri le Superbe était au berceau: on le voit bientôt grandir, se mettre à la tête d'une croisade contre les païens du nord, et revenir attaquer les chrétiens qui lui avaient ravi la Bavière: elle lui fut rendue.

Henri le Lion s'était avancé avec les Saxons jusqu'à la mer du nord; il avait conquis sur les Wenèdes un immense territoire; il avait en sa possession une partie des domaines de la maison de Guelfe, ceux de Supplinbourg, de Brunswick, et de grands biens allodiaux en Souabe. Les duchés de Bavière et de Saxe étaient à lui, et ce dernier renfermait l'Ostphalie, l'Engrie et la Westphalie. Henri le Lion était presque maître de l'Allemagne; il s'était couvert de gloire en Palestine, et remplissait l'Europe de son nom. Un tel homme devait avoir la couronne ou succomber. On supporta patiemment sa puissance tant qu'il n'eût pas d'héritier, mais quand, désespérant d'en obtenir de sa femme Clémentine de Zaehringen, il eut fait casser son mariage, sous prétexte qu'elle était sa parente et qu'il eut à ses côtés quatre fils, Henri, Luther, Othon et Guillaume, fruits de son union avec Mathilde, fille de Henri II roi d'Angleterre; cette grandeur qui menaçait de se perpétuer donna de l'ombrage. Abhorré des évêques sur lesquels il s'était arrogé le droit d'investiture, envié des seigneurs, sa perte fut résolue. Ces usurpateurs l'accusèrent d'usurpations sur les droits régaliens. Il fut cité à Wurtzbourg, et sur son refus de comparaître mis au ban de l'empire. Henri se défend vigoureusement. L'archevêque de Cologne, celui de Magdebourg, un évêque d'Halberstadt, l'attaquent à la fois. L'Allemagne presqu'entière marche sous leurs bannières. Philippe, comte de Flandre, un comte de Hainaut, un duc de Brabant se joignent aux prélats. Henri se maintient en Saxe; il prend la Hesse, il prend la Thuringe, il bat l'armée épiscopale, et cependant quelques seigneurs et quelques prélats s'assemblent vers le Rhin; une diète tenue au château de Gelnhausen confirme la proscription de Henri. On se partage ses états; Bernard d'Anhalt, fils d'Albert l'ours, reçoit la Saxe, une partie de la Westphalie; la Bavière est accordée à Otton de Witetsbach, chef de la cour de justice de l'empereur et Cologne prend le reste du duché de Saxe. Ces partages ont ranimé l'ardeur des ennemis de Henri. Ils s'arment encore ; Frédéric se met à leur tête, et le Lion, trahi par ses alliés, frappé de toutes parts, est forcé d'aller à Erfurth crier merci à l'empereur. Celui-ci, qui avait déjà hérité de Guelfe, cousin de Henri, se contenta de l'exiler pour trois années, et de lui ravir ses fiefs. D'après un nouvel arrangement, les princes au delà de l'Elbe, cessèrent d'être vassaux saxons. Le grand duché de Saxe fut démembré ; des archevêques, des évêques, des comtes, des seigneurs s'en arrachèrent les lambeaux et se firent immédiats. L'archevêque de Cologne avait reçu à la diète de Gelnhausen une partie de la Westphalie et de l'Engrie, Bernard d'Anhalt avait reçu l'autre. Tous deux firent d'infructueux efforts pour s'emparer des rênes qu'avait abandonnées Henri-le-Lion. Les serviteurs de la maison de Guelfe ne voulurent pas les reconnaître, et se défendirent comme ils le faisaient en présence de Henri. La trève de Dieu fut abolie, et le désordre fut sans bornes. « Il n'y » avait plus de roi en Israël, dit » le chroniqueur Arnould, et cha- » cun faisait ce qui lui semblait con- » venable. (1) » Cependant l'archevêque, plus cauteleux que Bernard, sut obtenir par ruse ce que la force lui refusait, et si bien que lorsque les fils de Henri-le-Lion, protégés par l'empereur, revinrent dans la suite revendiquer leur héritage, non-seulement il ne purent arracher à l'archevêque les provinces dont il s'était

(1) *In diebus illis non erat rex in Israël, sed unusquisque quod rectum in oculis suis videbatur faciebat. — Arnoldii Abatis lubecensis. Chronic. Slavorum.*

emparé, mais ils ne l'empêchèrent même pas d'agrandir encore son territoire aux dépens de celui qui avait été concédé et qu'ils venaient reprendre à Bernard d'Anhalt. On verra quels changements apporta dans la législation la domination temporelle du prince évêque.

Le torrent de barbares, qui s'était répandu sur les contrées méridionales de la Germanie, n'avait pas entraîné sur son passage tous les restes de villes romaines. Au nord, il n'en avait jamais été élevé. Les Germains libres fuyaient la communauté et les municipalités étaient inconnues parmi eux. Elles commencèrent à s'établir après la proscription de Henri-le-Lion. Les villes westphaliennes entre le Rhin et le Wéser, s'étaient formées successivement. Henri-l'Oiseleur, dans la nécessité de mettre ses peuples à l'abri des incursions des Normands et des Scandinaves, en avait bâti un grand nombre. Il y avait renfermé le neuvième homme et le tiers de la moisson. Pour engager ses sujets à y résider, il y avait transféré les assemblées publiques (1). L'établissement des évêques et l'érection des cathédrales, engagèrent beaucoup de vassaux à s'établir en communauté sous la protection ecclésiastique. C'est ainsi que s'élevèrent Osnabruck, Paderborn, Munster et Minden. D'autres habitations s'agglomérèrent par suite des troubles qu'occasionna la proscription de Henri-le-Lion, alorsque l'habitant des campagnes effrayé, cherchait un refuge et transportait son foyer sous les murailles de quelque puissant seigneur. Mais longtemps après seulement, les rassemble-

(1) *Huscher. — Skizze einer culturgeschiseht der deutschen städte* 1800.

ments opérés par ces diverses circonstances se constituèrent en associations municipales ou en villes dans l'acception actuelle du mot. Ce n'est que dans les XII.ᵉ et XIII.ᵉ siècles que l'on commence à trouver quelques institutions municipales en Westphalie. (1) Les empereurs, qui regardèrent cette nouvelle puissance comme une digue à opposer aux empiétements des seigneurs, la laissèrent s'élever sans se plaindre. Les villes formèrent des ligues pour réprimer les désordres des guerres particulières. Elles se mirent elles-mêmes sous l'autorité d'un magistrat. L'industrie que la guerre avait anéantie naquit dans l'enceinte de leurs murs, et les hommes s'y formèrent à la liberté. Les

(1) Hamm ne reçut ses priviléges qu'en 121 . Unna ne jouit de la liberté qu'en 1250. Altona en 1397.

vicomtes ou avoyers seigneuriaux, perdirent leur autorité et les Saxons détruisirent à l'envie les bourgs désormais trop faibles, que leurs pères regardaient comme un refuge assuré. Les priviléges urbains firent naître la hanse Teutonne, ligue puissante qui consolida à jamais dans le nord, la liberté municipale. (1) Les mœurs germaines ne tardèrent pas à prendre un autre aspect, la rudesse fut toujours, il est vrai, le trait distinctif du caractère allemand. Mais dans les villes où une sorte d'égalité paisible entretenait l'émulation, la civilisation se faisait rapidement sentir.

(1) Presque toutes les villes westphaliennes de quelque importance firent partie médiatement ou immédiatement de cette ligue. Bielefeld, Dortmund, Hamm, Herfort, Lippe, Minden, Munster, Osnabruck, Paderborn, Soëst, Hunna, Warbourg y furent affiliées.

Sartorius. — *Gesch. des Hanseatisc. Bund.*

Quelques préjugés furent détruits.
L'homme libre qui, sous les Othons,
rougissait d'exercer son industrie,
se livra au négoce jusqu'alors abandonné à des Juifs, à des Slaves et à
des Lombards. Le commerce fit connaître la recherche et l'aisance. L'I-
talie avait corrompu l'Allemagne,
mais l'exemple des municipalités italiennes n'avait pas été perdu pour les
Allemands et à la fin de cette période,
cet exemple avait fait naître un meilleur ordre social et une troisième
classe; je veux dire le tiers-état. La
paix publique se joignit bientôt à
ces avantages.

Les provinces saxo-westphaliennes,
plus que toutes les autres provinces
de la Germanie, s'étaient toujours
opposées aux envahissements de la noblesse et du clergé. A la chûte de
Henri-le-Lion, il leur fallut subir le

sort commun. La nation saxonne ne
se trouva plus alors composée que de
nobles, de prêtres, de vassaux et de
serfs. Le petit nombre de propriétaires
libres avait entièrement disparu, le
vasselage étant devenu le seul moyen
de conserver ses biens. Il n'était pas
encore positivement question d'hérédité, les fiefs étaient de simples bénéfices. A la mort d'un vassal, le bénéfice revenait toujours à l'empire
ou au seigneur suzerain. Ce n'était
que de son consentement que les enfants devenaient aptes à succéder;
aussi au commencement du X.ᵉᵐᵉ
siècle les prétentions de Henri-l'Oiseleur a garder les bénéfices de son
père parurent-elles inouies. Conrad-
le-Salique qui fit des bénéfices italiens,
de véritables fiefs transmissibles, donna le signal aux vassaux germains
qui cherchèrent tous à conquérir des

droits semblables. Ils y parvinrent et
sous Henri I l'hérédité des biens en
vasselage fut généralement reconnue.
La manie des croisades qui gagnait
fortement, contribua beaucoup à l'é-
tablissement de cet ordre de choses.
Les fiefs subirent alors une nouvelle
révolution. La classe des hommes li-
ges, qui n'était séparée de celle des
vassaux que par une dictinction sub-
tile, et qui comptait dans son sein
un grand nombre de guerriers admis
auprès des princes et des seigneurs,
obtint le droit d'acheter le *jus feudi*
au moment où la noblesse, victime
des préjugés, se voyait forcée de
vendre et d'engager ses domaines pour
subvenir aux frais de ses expéditions
d'outre-mer. Les empereurs saisirent
cette occasion pour réunir à la couronne des domaines considérables.

L'état constitutif des provinces

saxo-westphaliennes éprouve aussi, durant cette période, de notables changements. Elles étaient devenues simple province d'une monarchie élective, où le chef ne pouvait que désigner et recommander son successeur. La nation, c'est-à-dire les privilégiés, avait le droit de choisir.

Déjà sous les Othons, l'élection est dans les mains des grands. A l'avénement de Henri I, on voit les *officiati* seuls électeurs, et les princes ajouter seulement leurs suffrages. Ces officiati sont d'abord au nombre de six; on y ajouta depuis un septième (1). En général, le système d'hérédité était observé tacitement dans les élections. Le désir des em-

(1) Savoir: l'archevêque de Mayence, ceux de Trèves et de Cologne, le grand-écuyer, le grand-maître d'hôtel, le grand-chambellan, et plus tard le grand-échanson.

pereurs de le faire prévaloir ouver-
tement fut toujours repoussé par les
princes et quelquefois par le peuple,
ainsi qu'il arriva sous Conrad II, qui
projetait de faire de l'Allemagne un
allodial de la couronne, plan qui fut
déjoué par les nobles efforts de la
nation. Cette période nous montre le
duc représentant l'autorité impériale
dans les provinces saxonnes. Nous
avons déjà tracé ses rapports avec le
trône. Tous les fonctionnaires civils
et ecclésiastiques lui doivent soumission. Son autorité serait sans bornes,
sans le comte palatin. Cet officier qui
n'est plus celui que Charlemagne
avait chargé du soin d'apaiser les
différends entre les évêques et les
comtes, est à cette époque un surveillant commis en quelque sorte à
la garde du duc qui est tenu de lui
demander conseil. Il perçoit les im-

pôts royaux, les amendes et juge les
affaires fiscales. L'administration de
la justice et les soins de la guerre
sont les fonctions du duc. Il marche
à la tête des milices, composées de
serfs depuis la destruction des troupes du Heerban, à la malheureuse
bataille d'Ebsdorf. Nous aurons encore
occasion d'indiquer les fonctions judiciaires des ducs, et de tracer l'état de
la judicature en général.

Les possessions du duc consistent
en biens allodiaux, en domaines dont
il a l'usufruit durant l'exercice de sa
dignité, et en domaines qu'il régit
pour l'empereur (1). Henri-le-Lion
qui, en général, admettait peu les
distinctions de ce genre, s'empara
de tous ces divers domaines. La couronne ducale était déjà regardée de
son temps comme héréditaire.

(1) Hegewisch. *Gesch. der deutschen.* P. 15.

On retrouve encore les comtes, les
vicomtes et les centeniers. Ils sont of_
ficiers civils et chefs de cohortes sous
la dépendance du duc. Ils regardent
aussi leurs charges comme héréditaires. Ils ont leurs vassaux pour soldats. Ils s'arment de temps en temps
contre le duc leur maître. Celui-
ci s'arme de loin en loin contre son
maître l'empereur et les désordres
augmentent singulièrement par cette
complication d'anarchie. Chaque comte
se bâtit une forteresse dont il ajoute
le nom à son titre. On voit paraître
les comtes de Rawensberg, de Tecklenbourg, d'Arensberg, etc. Quand
les empereurs manquent d'argent, ils
vendent aux comtes des domaines devenus héréditaires et ceux-ci s'y affer-
missent. La chûte de Henri-le-Lion
les affranchit de la domination ducale.

Les évèques et les abbés west-phaliens achètent aussi des domaines. Ils entourent leurs églises et leurs couvents de fiefs ecclésiastiques. Leurs vassaux, leurs soldats s'augmentent. La chûte de Henri-le-Lion sert aussi leur puissance, et l'archevêque de Cologne s'empare d'une partie du duché. On ne saurait toutefois trop répéter que le clergé westphalien fit beaucoup pour l'agriculture et l'industrie. Ces contrées de la Germanie si agrestes, si infertiles, selon Tacite et Pline, deviennent au XIe.siècle une terre d'abondance et l'empereur Henri II la nomme un *paradis émaillé de fleurs.* Les établissements religieux et les cloîtres, loin de favoriser l'oi-siveté, étaient alors des ateliers rem-plis d'hommes laborieux. La règle monacale prescrivait l'activité et ces évêques, ces abbés qui recueillaient des dîmes, bâtissaient des ponts, établissaient des péages sur les routes, qui battaient monnaie et se mettaient en campagne, n'étaient pas hommes à laisser leurs religieux s'occuper uniquement de pseaumes et de cantiques. Il faut ajouter que les lettres se réfugièrent dans les monastères, que les restes de l'antiquité y furent conservés et que la Germanie doit ses annales à des moines.

Au commencement de cette période les capitulaires des rois francs et le petit code saxon régissaient encore les provinces saxo-westphaliennes. Les progrès de la civilisation rendirent bientôt ces lois insuffisantes. Le respect qu'inspirait le nom de Charlemagne empêcha de les abroger. Cette vénération aveugle fit naître de graves désordres. On s'écarta du droit positif, les arrêts se rendirent fondés sur des décisions antécédentes. Le tribunal de chaque gau(1) avait sa décision particulière que les villes modifiaient d'une manière et les bourgs de l'autre. Les ténèbres recouvraient déjà la législation, lorsque les villes établies en communautés, firent les recueils de coutumes écrites. Le plus ancien de ces recueils en Westphalie, et peut-être en Allemagne, est celui de la ville de Soëst, composé vers le commencement du XIIe siècle. Rome profita de cette anarchie législative pour introduire les décrétales dans l'empire. Elle réussit à faire reconnaître le droit canonique. Le droit romain qui devint en honneur lorsque les Allemands allèrent étudier à Bologne, trouva mille oppositions: la politique romaine qui semait la discorde dans l'empire, le trouvait trop

(1) Canton.

favorable à la centralisation du pouvoir souverain.

Les provinces saxo-westphaliennes réforment aussi dans cette période, quelques usages qui demeurent en vigueur dans tout le reste de l'Allemagne. Le meurtrier qui jusqu'alors était admis à faire accepter la composition est puni de mort par les statuts de Soëst, lorsque le meurtre a été commis dans la ville. (1) Le crime de lèze-majesté entraîne toujours la peine de mort, mais la rebellion s'expie par la peine infamante du chien, qui obligeait, selon l'ancienne loi de Souabe, le coupable à porter jusqu'à un mille de distance un chien sur ses épaules. Les blessures, le vol, sont rigoureusement châtiés. Le contumax est mis hors la loi, c'est-à-

(1) *Si infrà muros hominem occiderit, capite truncabitur.*

dire proscrit et sa maison détruite (1). La composition est encore admise pour les délits de moindre importance. On voit combien ces statuts fondés par les villes westphaliennes, et qui semblent véritablement l'expression des besoins de ces communautés, diffèrent des lois établies dans les périodes précédentes. Elles sont moins cruelles et plus sévères que celles-ci. Si l'on songe qu'il s'agissait de réformer de longues habitudes de brigandage, on s'étonnera moins de ces rigueurs répressives, qui furent rem-

(1) C. 7. — *Si quis ferro acuto quempiam vulneravit, manu privabitur.*

C. 17. — *Qui intempeste noctis silentio domum cujusdam intraverit, et bona ipsius furtim, vel vi, sibi vindicaverit, et convictus fuerit, morte punietur.*

C. 11. — *Quod si ille qui maleficium perpetraverit, aufugerit, domus ejus et quicquid habet secundum nostri jurisdictionem destruetur et ipse proscribetur quod vulgo* FRETHELOS *dicitur.*

placées par des mesures inquisitoriales.

Un dernier regard jeté sur l'organisation des tribunaux et sur leurs
formes de procédure, nous conduira
jusqu'au temps des cours wehmiques
que la force des choses semble avoir
préparées.

Les provinces saxo-westphaliennes
étaient demeurées divisées en comtés
comme sous les Carlovingiens. Les
comtes tenaient encore leurs assises
auxquelles tous leurs subordonnés devaient comparaître. Mais l'étendue de
leur jurisdiction était devenue moindre par l'autorité qu'avait acquise le
clergé sur les laïques, et la foule d'hommes libres qui s'étaient rangés sous la
protection de l'église et s'étaient faits
vassaux des évêques et des abbés. Ce
changement des hommes libres en
arrière-vassaux et en serfs fit passer

un grand nombre d'individus sous la jurisdiction du tribunal des *manu* qui prenait connaissance des démêlés entre gens de main-morte. Les tribunaux des villes qui commençaient à s'établir restreignirent à leur tour les attributions judiciaires de ces officiers, si bien qu'après la proscription de Henri-le-Lion, leur charge étant devenue héréditaire, ils cessèrent de se considérer comme des juges délégués par l'empereur, et commirent des avoués pour les remplacer dans leurs tribunaux: ce n'était que dans les hautes justices provinciales que le comte daignait encore présider. L'empereur ne prenait connaissance des démêlés, qu'entre les premiers de l'état, le comte l'imita et ne voulut connaître que des débats de ses premiers vassaux. Les petits tribunaux provinciaux furent abandonnés à des juges de gau ou de district, (*judices avocati, officiati marescalli*) et même à leurs substituts. (*sculeti , postcomites.*)

Les centeniers sont également méconnaissables, le comte devenu puissant leur a accordé une partie de ses anciennes attributions. Ces officiers qui n'étaient autrefois que de simples juges d'instruction au civil et au criminel, exercent le ban de vie et de mort ; toutefois leur autorité est nulle dans les villes où la justice s'administre d'abord par les bourguemestres et les conseillers, (*proconsules et consules*), qui s'adjoignent bientôt un préfet ou vidame qui représente l'empereur ; le commandant du fort, (*castrensis*) siège aussi dans les cours municipales. On trouve dans les cités les tribunaux correctionnels qui jugent les moindres délits : le tribunal

ducal saxon domine toutes les jurisdictions westphaliennes. Non-seulement tous les appels y sont portés,
mais tous les tribunaux qui ne jouis-
sent pas d'un privilége spécial, doivent y référer avant de faire exécuter
leurs sentences. Les mis et leurs tribunaux ambulants n'existent plus.
Le tribunal du comte palatin occupe
le second rang dans la hiérarchie
judiciaire. Le peu de respect qu'ins-
pira, dans cette période, l'autorité
impériale, frappa bientôt les Palatins
d'une profonde nullité. Nous avons
vu les droits territoriaux faire naître
les tribunaux particuliers; une jurisdiction de ce nom s'élève au milieu
de cette période. Ce sont les tribunaux de paix, ils sont dûs à l'introduction de la trève de Dieu et destinés
à punir les infractions à cette loi: ce
sont de véritables cours souveraines.

Les tribunaux des hôtes qui rendent la justice aux voyageurs et aux marchands étrangers, et les surveillent, et qu'on peut comparer à *l'alien-office* des Anglais paraissent aussi durant l'anarchie et disparaissent bientôt. On voit aussi des cours suprêmes ou colléges de justice ; elles ne rendent leurs décisions que consultées par d'autres cours ou par des communautés ; on retrouve quelque chose de semblable dans les cours wehmiques.

Le clergé westphalien doté par les empereurs de la maison de Saxe, de terres considérables, y exerce la haute justice. Le droit canonique défendait aux ecclésiastiques de prononcer un arrêt de mort (1); ce n'était sans

____

(1) Ce principe évangélique confirmé par le concile de Tolède de 675, par le décret de Gratien, fut méconnu en 1298, par Boni-

doute dans l'esprit des prêtres qu'une inconvenance à éviter, car ils n'admirent pas le principe et firent juger par leurs baillis. L'extrême puissance temporelle des évêques ne tarda pas à éveiller l'ambition de leurs archidiacres. Ils s'emparèrent de la jurisdiction dont l'exercice leur avait été confié par les prélats et, à l'exemple des comtes, se rendirent indépendants. Les tribunaux inquisitoriaux ambulants, l'une des plus importantes attributions du pouvoir ecclésiastique, demeurèrent en leurs mains. Non contents de cette usurpation de clerc à clerc, ils empiétèrent encore sur les jurisdictions séculières, en accueillant sous la spécieuse dénomination de *dénonciation évangélique*, celles contre tous les péchés et tous

face VIII, comme nous le verrons dans le cours de cette histoire.

les crimes. On fut obligé de mettre un frein à cette avidité cléricale qui menait droit à la théocratie. Quelques lois furent publiées au treizième siècle à cet effet. Elles frappèrent surtout les juges ecclésiastiques ambulants qui ne paraissaient dans les provinces qu'entourés d'un cortége de délateurs et de bourreaux. Toutes ces choses n'étaient pas encore le tribunal wehmique : elles s'en rapprochaient beaucoup.

Les affaires des grands vassaux n'étaient plus que du ressort de l'empereur. Frédéric Ier jugea en personne Henri-le-Lion. Il existait cependant un juge aulique ; les causes des nobles de seconde classe étaient soumises à son tribunal. Une circonstance remarquable, c'est la division, à cette époque, de toutes les cours de justice en tribunaux spéciaux et en tribunaux libres. Les premiers étendirent leur compétence sur tout ce qui était en vasselage. Les seconds, sur les hommes libres et leurs appartenances : les serfs tombaient sous leur jurisdiction pour les délits contre l'ordre public. On nomma plus tard tribunaux libres ceux qui furent investis du droit de vie et de mort. Les épreuves étaient toujours en usage. Elles subirent quelques changements, peu intéressants pour les progrès de la civilisation. La torture s'introduisit en Germanie. (1) On institua dans les villes l'emploi de bourreau. Auparavant c'étaient les juges eux-mêmes ou le plus jeune des assesseurs, quelquefois l'accusateur, qui remplissaient cet office ; (2) le défenseur du con-

(1) Hauschild. — *Gerichts verfassung der deutsch.* § 58.

(2) Dreyer. — *Anmerk. üeber die strafen des mittelalters.* § 16.

damné fut tenu de pourvoir à sa sépulture en terre bénite, hors les cas
où le délit entraînait la peine de la
roue. Le refus de comparaître entraînait encore préalablement la proscription. Un an de ban entraînait la
confiscation des biens.

Toujours peu de progrès dans la
législation criminelle. Le juge est toujours le représentant d'un pouvoir
isolé et non le vengeur de la communauté. Le lien de la société est
toujours personnel ; l'égoïsme, l'intérêt partiel dominent. Les paix de
Dieu se proclament sans fruit. On re-
connaît à peine les restes des institutions organisatrices de Charlemagne.
Les dernières idées de législation et
d'unité civile sont prêtes à s'englou-
tir dans ces désordres, lorsqu'une institution formidable, mais une, mais
puissante, s'élève au-dessus de toutes

les tyrannies éparses, les rassemble en elle et fait cesser l'anarchie par la force du despotisme. On voit qu'il est question du tribunal wehmique dont cette série d'événements nous explique en quelque sorte l'origine.

SECONDE PARTIE.

MOYEN-AGE.

NOTIONS GÉNÉRALES.

Les tribunaux secrets ou wehmiques, cet épisode si remarquable dans l'histoire du moyen-âge, n'ont pas assez attiré l'attention des historiens. Attribuer, comme on l'a fait, la fondation des tribunaux secrets à Charlemagne est une erreur assez pardonnable. Les recherches des savants de l'Allemagne n'ont éclairci que depuis peu de temps cette matière. J'ai rassemblé dans quelques paragraphes les détails nécessaires à l'intelligence des actes de cette institution, et le ta-

9 *

bleau de son organisation intérieure.
Les travaux du savant Berck sur la
jurisprudence wehmique m'ont servi
à résumer, d'une manière précise, des
documents jusqu'alors si obscurs. Ceux
qu'ont laissés les écrivains contemporains sont d'un faible secours : la terreur qu'inspiraient alors les cours
wehmiques rendait ces chroniques in-
complètes ; la haine a rendu les autres
partiales. Le temps seul pouvait faire
renaître le calme et l'impartialité de
l'historien.

DIFFÉRENTES DÉNOMINATIONS DES TRI-BUNAUX SECRETS.

Les tribunaux secrets westphaliens
sont désignés par les chroniqueurs et
par les publicistes, sous quelques dé-
nominations différentes. La plus gé-

néralement adoptée est celle de tribunal ou de chose wehmique ou fac-
mique ; chose, dans l'idiôme de ce
temps, étant synonyme de justice.
L'étymologie du mot *vem* ou *fem*
n'a pas été fixée. Gryphiander le fait
dériver du mot allemand *fahne* éten-
dard, Freher du mot saxon *femen*
purger, parce que ces tribunaux pur-
geaient le pays de malfaiteurs. We-
mer Roleuncius et Paul Emile en
trouvent l'origine dans l'exclamation
significative de *vemi*, abréviation du
latin *vae mihi!* ou de l'allemand *ve-
he mir!* malheur à moi! Letzner assure qu'en ancien langage saxon, *ver-
fehmen* était employé pour *bannir*,
poursuivre, et Dreyer s'arrête au mot
voem ou *ve* qui, en langage tudes-
que, exprimait quelque chose de saint
et de sacré. Plus récemment on a ima-
giné de retrouver le mot wehmique,

dans ceux de *fehde* ou *wehde* guerre,
ce qui exprimerait le droit de ces tribunaux à rétablir la paix publique;
de *wette* châtiment, dans le nombre
funf, cinq, qu'on trouve dans la loi
salique sous celui de *fimmiha*, en
Suédois *fem* et *Fimm* en Islandais,
attendu que les tribunaux secrets se
composaient de cinq juges, ce qui est
faux. Une dernière version, celle de
Leibnitz et d'Haltaus (1) regarde le
mot *wehmique* comme dérivatif de
fama. Bref, on a épuisé toutes les
invraisemblances philologiques , et
l'on a , selon l'usage, obscurci la
matière.

Il est certain du reste qu'on désignait sous le nom de wehmiques, tous
les tribunaux qui s'éloignaient par
leurs formes et leurs modes de pro-

____

(1) Leibnitz. — *Introd. s. rer. Brunsw.*
Haltaus. — Glossaire au mot *Foem.*

cédure des anciens principes du droit germanique.

L'institution wehmique, proprement dite, et représentée dans ses francs-siéges, appartient particulièrement à la Westphalie ancienne, qu'on nommait la terre rouge, parce que, dit-on, le fond des armes de Saxe était de *gueules*. L'empereur ne pouvait créer de francs-juges ailleurs. Ces tribunaux étaient aussi nommés tribunaux libres, francs-tribunaux westphaliens, les hommes libres ou francs étant seuls soumis à leur juris-diction ; plus tard on les nomma tribunaux secrets, et lorsqu'ils eurent comblé la mesure de l'infamie, on leur donna le titre de tribunaux saints et justes. On les retrouve aussi sous le nom de justice défendue; c'est au temps où les francs-juges s'étaient ingérés de prendre connaissance des affaires civiles, et que les juges ordinaires défendaient à leurs subordonnés de recourir à cette intervention. Charlemagne, fondateur présumé des francs-juges, leur valut le titre de juges caroliniens. Il est bon toutefois de se tenir à leur nom de wehmiques ou francs, la profusion de termes impropres ou hasardés qu'ont employés les chroniqueurs, ayant produit un chaos, contre lequel échouent souvent les recherches.

THÉATRE DES ACTES DU TRIBUNAL WEHMIQUE.

Les tribunaux secrets attachés par leurs statuts au territoire de la Westphalie, d'où ils répandaient leurs émissaires sur tout l'empire, étaient circonscrits, quant à leurs siéges, dans ce pays tel qu'il se composa lors du démembrement du duché de Saxe, à l'époque de la proscription de Henri-le-Lion. Il est important de déterminer la signification géographique du nom de Westphalie, employé depuis dans plus d'un sens.

La Westphalie, telle que l'entendent les chroniques, n'est ni l'étendue de terrain échue au pays de Cologne, ni l'ancien cercle impérial de Westphalie, encore moins cette Westphalie, habitée par les Saxons émigrés de l'Engrie et de l'Oslphalie. Celle-ci ne se forma qu'après la chûte de Henri-le-Lion. Elle comprenait une grande partie de l'ancien cercle et entr'autres possessions, les districts de Waldeck et de la Hesse. Le pays que les chroniques désignent sous le nom de terre rouge, se forme presqu'entièrement de l'espèce de delta dessiné par le cours du Wéser et du Rhin, en y joignant la partie de l'Engrie au delà de la rive gauche du Wéser. Ce fleuve en marquait les limites, à partir de quelques milles au nord de la ville Hanséatique de Brème, où il reçoit le petit fleuve Ochum, jusqu'au près de Minden, où ses bras divisés forment la Verra et la Fulde: Minden se trouvait sur le territoire de la Franconie. La Fulde marquait alors les bornes jusqu'à l'endroit où elle reçoit l'Eder près de Cassel qui n'appartenait pas à la Westphalie. Celle-ci continuait à s'étendre le long du cours de l'Eder, en traversant les comtés de Waldeck et de Wittgenstein qu'elle embrassait en partie. La ligne frontière dirigée depuis Wolfshagen qui était contesté, allait vers le sud et renfermait presque tout le comté de Sayn. Les bornes au midi sont moins précises. Le cours du Rhin y était peu observé. On voyait çà et là, des possessions

westphaliennes. On en retrouvait
depuis le comté de Gimborn-neustadt
jusqu'à Wipperfurth dans le pays de
Berg, et jusqu'au pays de Gueldres.
Les districts de Twente et de Sal-
land, dans l'Ober-Issel étaient soumis à la loi wehmique. Un diplôme
de Charles IV confère le franc-siége de ces deux cantons à l'évêque
d'Utrecht. Le comté westphalien de
Bentheim, entre Munster et la Hol-
lande, dirigeait la ligne territoriale
jusqu'aux frontières de la Friese orientale. Cette province qui bornait la
Westphalie se composait alors de la
principauté qui porte aujourd'hui
ce nom, de la partie nord du duché
d'Oldenbourg et de la partie nord
des provinces bataves (1). Cette dernière étendue de pays a porté le nom

(1) Vers Embden et Groninguen.

de Friese durant tout le moyen-âge, et ses habitants ont fait jusqu'au XVe. siècle, partie de la grande confédération frisonne. Aeneas Sylvius et les écrivains contemporains s'accordaient à désigner la Friese comme limite de la Westphalie. Ils auraient sans doute désigné l'océan, si le nord de l'Oldenbourg n'eut appartenu aux Frisons.

Les documents que nous ont légués les historiens touchant la situation géographique de la Westphalie ancienne, diffèrent entr'eux dans quelques parties. Telle que nous l'avons décrite, elle pourra faire connaître le théâtre des sanglants mystères qui mieux qu'un emblême héraldique, justifient le surnom de terre rouge donné jadis au sol westphalien.

DE DIVERS TRIBUNAUX CONFONDUS SOUS LE NOM DE TRIBUNAL WEHMIQUE.

Nous avons eu l'occasion de re-marquer que différents tribunaux de l'Allemagne avaient été désignés sous le nom de wehmiques. Delà les erreurs de quelques écrivains que d'autres ont essayé de réfuter.

François Algermann a laissé quel-ques notions sur un de ces prétendus tribunaux wehmiques, situés hors du territoire de la Westphalie. Il trace en 1608 le tableau de celui qu'il a vu dans sa jeunesse établi à Celle. Lorsque le tribunal wehmique était assemblé, est-il dit dans la chronique d'Algermann, tous les habitants dans cette jurisdiction, âgés de plus de douze ans, étaient contraints de se

rendre sur la place publique ou sur une
pelouse désignée; et là de s'asseoir à
terre, et former un cercle autour
de quelques tables, auprès desquelles
le prince, ses conseillers et ses baillis
venaient prendre place. Les juges
secrets remplissaient alors leur office,
qui consistait à signaler les coupables
et à dénoncer les délits, ce qu'ils
exécutaient d'abord en frappant avec
un bâton blanc les jambes de celui
qu'ils voulaient accuser. Il était permis à ceux qui avaient à se reprocher
quelque crime et qui en craignaient
le châtiment, de prévenir l'admoni-
tion en se levant de leur propre
mouvement. Ils devaient alors quit-
ter le pays dans le délai d'un jour et
une nuit. Quand un homme était
frappé trois fois par le juge, un prê-
tre s'avançait avec les sacrements, le
bourreau était là, *et ils se rendaient*

ensemble à l'arbre le plus proche
(1).... Quand on n'était frappé qu'une
ou deux fois, c'était une simple le-
çon paternelle à l'effet de se mieux
conduire à l'avenir : ce *jus veniæ*
n'eût qu'un temps, il fut remplacé par
toute la rigueur du droit wehmique.

L'institution dont il est ici question, existait aussi au dire de quelques auteurs (2) dans le comté de
Wœlpe et dans le bailliage de Roten-
wald. Ce furent les conseils du doc-
teur Justin Gobler qui déterminèrent
Erich, duc de Brunswick et de Lu-
nebourg, à les abolir. Ces juges avaient
coutume, avant de procéder en assemblée, de faire tracer certains caractères
sur la porte des accusés et de faire

(1) « *So war der scharfrichter dabey*, *und*
» *zum Nächsten Baum mit ihm zu.* »
(2) Letzner. *Hist. car. magni.* Ch. XV. Schot-
tel. Ch. XXIX. §. 11.

agiter en signe d'avertissement une bruyante crecelle sous leurs fenêtres: l'endurcissement seul provoquait les rigueurs. Cette circonstance prouve que ces tribunaux n'agissaient pas selon les principes de l'inquisition wehmique. Le premier avertissement que donnaient les juges westphaliens à un coupable reconnu, c'était le coup de mort.

Une autre cour de justice secrète, celle de Brunswick, a souvent été désignée sous le nom de tribunal wehmique. Il est déjà question de cette institution dans les statuts donnés à cette ville par le duc Otton et confirmés en 1232 par l'empereur Frédéric II. Un article de ce code défend d'accuser un citoyen devant le tribunal wehmique autrement qu'avec l'assentiment du conseil municipal. Un autre paragraphe n'accorde qu'à un citoyen le droit d'accuser un citoyen devant cette autorité (1). Conrad Botho dans sa chronique de 1365 dit formellement que le tribunal wehmique existe à Brunswick et que plusieurs ont été pendus par son ordre. Voici la manière de procéder de ce tribunal, telle que Rethmeier l'a rapportée. Elle est tirée d'une vieille charte trouvée dans les archives de Brunswick.

Quelques citoyens d'un âge mûr, choisis parmi les notables et que l'on désignait sous le nom de *wehmenotes*, observateurs wehmiques, étaient

____

(1) *Id ne shal neyman den anderen Wroghen in dat vemeding bi wane, id en si witlik deme Ræde.*

Swelk man use borghere nicht, ne mach usen borghere nicht wroghen in dat wemedingh.

Antiquiss. leges municip. civitatis Brunswic. V. Leibnitz. t. III.

chargés de surveiller secrètement la conduite de leurs concitoyens et d'en instruire le conseil. Le nombre des délits *notés* s'était-il accru au point de nécessiter la convocation des juges wehmiques, on en déterminait l'époque. Les conseillers se rendaient des différents quartiers, au temps fixé, à l'heure de minuit, dans le cimetière de Saint Martin. Toutes les portes de la ville étant fermées, les ponts levés, les poternes investies et les embarcations gardées à vue, le greffier wehmique était mandé et les wehmenotes lui dictaient jusqu'au matin leurs différentes dénonciations. A la pointe du jour, on proclamait dans la ville la tenue du tribunal, et le bruit des cloches annonçait à la bourgeoisie le moment et l'ordre de se rendre sur la place publique. Au troisième coup de cloche, les bourgeois réunis, se

rendaient, guidés par le conseil municipal, en dehors de la porte de Saint
Pierre au lieu dit le cimetière wehmique. Là, le conseil municipal prenait place dans la partie la plus élevée,
l'assistance occupait le reste du terrain. Les wehmenotes se répandaient
alors dans la foule et cherchant les
coupables qu'ils avaient désignés dans
leurs dénonciations, ils les marquaient
et les signalaient au conseil qui s'occupait d'abord de classer les délits,
savoir: ceux qui rentraient dans sa
compétence et ceux qui s'en écar-
taient. Tous les vols au-dessous de
quatre escalins appartenaient à cette
seconde cathégorie. La classification
terminée, les assises étaient ouvertes.
On faisait d'abord comparaître les
propriétaires des choses volées. Inter-
rogés s'ils connaissaient l'auteur du
larcin, leur réponse devait être ap-

puyée d'un serment. Etait-elle affir-
mative, le voleur, cité à son tour,
pouvait se purger par un autre serment. S'il était accusé d'un nouveau
délit, il ne pouvait échapper à la
condamnation qu'à l'aide de *sept
mains*, c'est-à-dire par le témoignage
de six personnes. A la deuxième ré-
cidive, le cas devenait plus grave
et le délinquant n'était admis à prouver son innocence qu'en saisissant
d'une main ferme une barre de fer
brûlant, et en la portant à une distance de neuf pieds. Le comte wehmique faisait après l'épreuve, lire,
selon l'ancien usage, la sentence par
qui bon lui semblait et le conseil le-
vait la séance.

Cette prétendue institution wehmique n'était, comme on le voit,
qu'une institution urbaine. Toute sa
puissance gissait dans le corps mu-

nicipal. Il est inconcevable que ce tribunal, qui offre si peu d'analogie avec le tribunal wehmique, ait été confondu avec ce dernier.

Le tribunal qu'on suppose avoir existé dans les souterrains du château de Bade, appartient tout aussi peu à cette partie de notre histoire. La description qu'on en a donnée récemment (1) est digne de figurer dans les narrations romanesques auxquelles l'institution wehmique a si souvent donné lieu.

Une autre institution improprement désignée sous le nom de wehmique, est celle des wethes dans la Friese orientale. Elle était composée de laïques et d'ecclésiastiques, et les affaires civiles lui étaient dévolues: le droit wehmique ne s'étendait pas jus-

(1) Frederica Brunn. — Voy. dans le midi de l'Allemagne.

ques là ; les affaires criminelles étaient seules de son ressort. Ce ne fut qu'à l'époque des usurpations des francs-juges qu'ils s'attribuèrent le droit d'évocation en matière civile.

Les juges illuminés du Tyrol ont aussi donné lieu à de fréquentes méprises. Toutes ces institutions perdent leurs attributions et leur crédit devant le tribunal wehmique, qui domina tout le nord et y répandit durant quelques siècles la terreur.

DES FRANCS-COMTÉS. JURISDICTION, COMPÉTENCE DES FRANCS-JUGES.

Le cercle dans lequel un franc-comte westphalien exerçait sa jurisdiction, et qui consistait d'ordinaire en plusieurs diocèses, se nommait un comté libre ou franc-comté. Les assises se nommaient franc-tribunal ou chose libre. Le lieu où elles étaient tenues recevait le nom de siége libre ou de franc-siége. Un franc-comté renfermait plusieurs de ces francs-siéges. Les comtés westphaliens du XIII.ᵉ siècle n'étaient pas des francs-comtés. Ils le devinrent plus tard. Le nom de tribunal libre appartenait, dans ce temps, à toute haute justice qui s'exerçait sur des hommes libres.

Les tribunaux provinciaux étaient en ce sens des tribunaux libres. Les francs-comtés wehmiques, westphaliens portaient un tout autre caractère. Loin d'exercer une jurisdiction générale, ils rentraient en quelque sorte dans la classe des tribunaux particuliers, et leur compétence se restreignait à de certains délits, à de certaines personnes. Souvent, en

Westphalie, il fut accordé aux tribunaux provinciaux de juger selon le
droit wehmique. Les magistrats étaient
alors à la fois juges provinciaux et
francs-juges. Leurs doubles devoirs
étaient strictement limités; ils ne
pouvaient confondre le droit provin-
cial et le droit wehmique, et la cour
ne devait revêtir qu'alternativement
ses deux caractères. Mais en général,
ces fonctions étaient distinctes, et
l'on trouvait dans le même district
les deux jurisdictions, circonstance
qui donna souvent lieu à de graves
conflits, et ne contribua pas peu à la
décadence des tribunaux wehmiques.
Le franc-juge avait, comme toutes
les institutions judiciaires, l'étendue
de son ban hors de laquelle il ne pouvait exercer sa jurisdiction; c'était
un de leurs principaux statuts : ils ne
tardèrent pas à les violer tous.

La nature des fonctions d'un franc-juge exigeait deux sortes d'assises. Les unes publiques; les autres secrètes. La tenue des premières avait lieu comme celle des autres jurisdictions à des époques fixes, au moins trois fois dans l'année. Elle était annoncée durant quinze jours par des huissiers et tout habitant du franc-comté qui avait un feu, devait comparaître sous peine de quatre gros escalins, et dénoncer tous les délits qui étaient à sa connaissance. Les assises secrètes n'admettaient que les initiés ou illuminés. Les ecclésiastiques, les femmes, les enfants en bas-âge, les juifs, les payens, et selon quelques auteurs, la haute-noblesse, n'étaient pas justiciables de ces dernières. Les ecclésiastiques, disent les statuts, ont leurs juges particuliers. A ce compte, le motif d'exemption eut été général. On est

porté à croire que la crainte qu'inspirait cet ordre puissant détermina
les francs-juges à le ménager. Quant
aux femmes et aux enfants, on allé-
guait leur faiblesse. Le terme où s'arrêtait ce moyen de salut pour les derniers n'était pas fort exactement déterminé. En 1548, on vit le franc-
comte de Neustadt évoquer à son
siége, au défaut d'un juif de St. Goar,
tous les habitants au-delà de quatorze
ans, et Jean de Hutschède, franc-
comte de Brackel, cita les bourgeois
de Goerlitz au-dessus de dix-huit ans
seulement. Le code de Dortmund
exemptait les juifs et les payens, parce qu'ils n'étaient pas dignes de comparaître : au seizième siècle ce statut
était tombé dans une profonde désuétude. Le privilége de la noblesse eut
le même sort, et bien que la constitution germanique voulut que les no-

bles fussent jugés par leurs pairs, les margraves, les landgraves, les électeurs et l'empereur lui-même ne purent toujours échapper aux citations (1). Les délits pour lesquels on pouvait être cité au tribunal secret étaient l'abjuration de la foi chrétienne, la violation et la profanation des églises et des cimetières, les attentats commis dans les maisons et sur les chemins publics, l'usurpation du pouvoir souverain, les violences, le vol, le meurtre, les incendies, la mauvaise vie et la désobéissance aux ordres du tribunal secret, l'hérésie, la magie, les transgressions du décalogue et de l'évangile, les tentatives contre l'or

(1) En 1378, le comte de Tecklenbourg, ayant été cité, comparut accompagné d'un si grand nombre de vassaux armés qu'il ne se trouva personne pour se porter accusateur.

Erdwiu Erdmann. — *Chronic. episc. Osnab*

11*

dre public. Dans la suite, cette compétence s'étendit aux moindres fautes
du ressort spirituel et temporel, les
francs-juges les qualifiant toutes de
tentatives contre l'ordre public et de
transgression du décalogue et des préceptes de l'évangile.

Un accusé refusait-il de se rendre
devant ses juges naturels, il était
censé troubler la paix du pays. Tout
franc-juge, quelque fut son siége,
quelque fut le délit, pouvait l'arrêter
et le punir. Tout privilége d'exemption cessait dans ce cas. L'accusé demandait-il à comparaître devant ses
juges naturels, il échappait aussitôt
à la compétence des francs-juges. Il
suffit, pour montrer combien l'institution s'éloigna des principes de son
organisation, de citer les termes du
code de Dortmund: « Des francs-ju
» ges qui attireraient à eux des affai-

» res qui ne sont pas de leur compé-
» tence, perdront les droits attachés
» à leur qualité de membres du tri-
» bunal secret, et le franc-comte sera
» destitué. »

DU PERSONNEL DANS LES TRIBUNAUX SECRETS.

Il y avait trois degrés d'hiérarchie dans les tribunaux wehmiques : le grand maître, le franc-comte, les francs-juges et des huissiers ou familiers. On y ajoutait un greffier qui rédigeait les protocoles et inscrivait les jugements dans un livre nommé le livre de sang. Le comte présidait, et faisait expédier les citations. Si la dignité de franc-comte n'était pas annexée à celle de grand-maître, c'est-à-dire de possesseur du franc-comté territorial,

elle était à la nomination de ce dernier avec l'assentiment de l'empereur
et plus tard, de son vicaire, l'archevêque de Cologne, grand-maître suprême, qui pouvaient seuls investir
du droit de vie et de mort. Le grand-
maître du franc-comté était tenu de
certifier que le candidat était né sur
la terre rouge, d'un mariage légitime,
qu'il était capable d'administrer et
jouissait d'une réputation sans tache.
Le franc-comte admis, devait jurer
obéissance aux statuts de l'ordre, aux
lois de l'empereur Charles-le-Grand,
au souverain régnant et promettre de
se trouver au moins une fois l'année
au chapitre général tenu sur le sol
westphalien et d'y rendre compte de
ses actions. Un franc-comte suffisait
pour un franc-siége ; cependant on
en vit quelquefois jusqu'à sept siéger
dans le même tribunal. Six d'entr'eux

se nommaient alors comtes assistants, *Beygrafen.*

Les francs-juges, qu'on nommait aussi échevins (1), occupaient le troisième rang et se divisaient en deux classes. Les loyaux ou chevaliers-francs-juges avec armes et écu (2) et les vrais ou francs-juges libres. Les nobles étaient jugé par les chevaliers et les hommes libres ou francs par les francs-juges. Tous étaient soumis à leurs pairs, à l'exception des princes et des serfs qui ne trouvèrent jamais les leurs sur les bancs wehmiques. Quiconque voulait être reçu franc-juge devait se présenter accompagné de deux francs-juges, ses parrains. Il devait être Germain et libre, *crai-*

(1) Les juristes les nomment *scabini, feymieri,* et quelquefois *Banselli, adlzreiter.*
(2) *Mit wappen und schild.*

gnant Dieu et chrétien, n'avoir encouru aucun ban et n'appartenir à aucun ordre monastique, ou ecclésiastique (1). « Ils ne doivent pas être » non plus, dit le code de Dortmund, » des esprits récalcitrants, des ménétriers, des banqueroutiers ou des » joueurs de profession ; mais des » hommes loyaux et justes. Il faut » enfin qu'ils aient vu de leurs yeux, » entendu de leurs oreilles, les délits » qu'ils dénoncent. » Les uns étaient illuminés, les autres ne l'étaient pas ; les premiers seuls avaient accès aux assises secrètes. La réception au grade d'illuminé était accompagnée de formalités. Le candidat se présentait, la

(1) La réforme de Cologne donne pour motif à cette exclusion que les ecclésiastiques ne peuvent opiner dans un tribunal où l'on inflige la peine de mort. Nous verrons lever cette difficulté.

tête nue, et s'agenouillait, après avoir
posé ses deux doigts près du pouce
de la main droite sur une épée nue
et sur un nœud de cordes, il prêtait
ce serment : « Je jure par la Sainte-
» Trinité d'aider et de coopérer sans
» relâche à la sainte chose wehmique,
» de la défendre contre femme et en-
» fants, contre père et mère, contre
» frère et sœur, contre feu et eau,
» contre tout ce que le soleil éclaire,
» contre tout ce que mouille la rosée,
» contre tout ce qui existe entre ciel
» et terre, et de rapporter à ce franc-
» siége sous lequel je suis prosterné
» tout ce qui tient à la surveillance
» secrète de l'empereur, tout ce que
» je saurai de vrai ou ce que j'entendrai
» dire de gens vrais, et qui mérite
» peine ou punition, tout ce qui est
» justiciable ou susceptible d'être gra-
» cié, ce que je ne négligerai ni par

» amour ni par douleur, ni par or, ni
» par argent, ni par pierres précieuses,
» et ce que je cautionne de mon corps
» et de ma fortune; je promets en ou-
» tre d'honorer et de servir ce franc-
» siége et tribunal au-dessus de tous
» les autres, ce que je tiendrai et exé-
» cuterai fermement, en quoi Dieu me
» soit en aide et son saint Evangile » (1).
— Après une courte péroraison du
franc-comte, le candidat était initié
aux statuts secrets du franc-tribunal,
et admis à la connaissance des signes
distinctifs de l'ordre qui consistaient,
suivant Turkius et Agricola, dans
l'usage que suivaient les illuminés de
tourner, à table, la pointe de leurs
couteaux vers leur poitrine, dans celui de prononcer quelques mots bi-

(1) Senckenberg. — *De jurisd. imp. suppl*
XIX.

zarres à l'approche les uns des autres
et dans d'autres pratiques assez ab-
surdes. L'illuminé était inscrit par le
franc-comte dans un registre ouvert
à cet effet. Le livre d'or de Venise
ne présente pas plus d'illustrations
que n'en offraient ces listes de sang:
des princes souverains, leurs ministres, leurs chanceliers, leurs courtisans, des villes puissantes, des corps
de magistrature s'y firent inscrire à
l'envi. Au quinzième siècle, le nombre des initiés de toutes les classes
s'élevait à plus de cent milliers.

Les francs-comtes pouvaient traverser tout l'empire, durant les
troubles, sans armes, sans escorte.
La terreur de leur nom les protégeait;
mais une seule indiscrétion de leur
part était terriblement punie. Ils
étaient saisis par leurs propres familiers; on leur couvrait les yeux d'un

bandeau, puis, après les avoir éten-
dus sur le ventre, on leur déchirait
la partie postérieure du cou par laquelle on faisait dépasser leur langue;
enfin, ils étaient pendus sept fois plus
haut qu'un criminel ordinaire. On
sent le besoin, après ces dégoûtants
récits, d'ajouter foi à Æneas Sylvius,
qui assure que jusqu'à son temps, il
ne s'est trouvé personne qui ait encouru ce châtiment. On tremblait et
non sans raison. Le frère redoutait
son frère, les amis s'observaient avec
inquiétude(1), l'indiscret n'avait aucun refuge. Le secret de la confession
ne le préservait pas; il était défendu
aux initiés de faire aucune révélation
au tribunal de la pénitence, et là
même des bourreaux prêtaient une

____

(1) *Non frater a fratre, non hospes à hospite
tutus.* — Kluppel. Hist. Guald.

oreille attentive. L'illuminé devait enfin demeurer impassible devant un proscrit, l'avertissement le moins direct d'un danger qu'il ignorait encore, le moindre témoignage d'intérêt, cette simple formule inventée par une compassion craintive: *on mange ailleurs d'aussi bon pain qu'ici*, étaient aussitôt punis du plus effroyable supplice.

L'office des juges ou échevins consistait à parcourir le pays, à expédier les citations, à suivre les coupables et à les dénoncer, ou s'ils les surprenaient en flagrant délit, à les juger et à les frapper sur l'heure. Dans ce cas, ils établissaient le tribunal et remplaçaient le franc-comte. Ils devaient être assistés de six autres francs-juges à la résidence du franc-comté; quelques auteurs disent de deux seulement. Les Juges non résidants étaient admis, mais ils n'avaient pas voix. A une séance du franc-siége de Vilgeste, on en compta plus de trois cents.

Les huissiers ou messagers étaient chargés de la police du tribunal, c'est-à-dire de pendre tout profane qui en approchait. « Un franc-huis-» sier, dit le recueil connu sous le » nom de miroir de Saxe, est un ser-» viteur de Dieu, un messager du » ciel, et puisqu'il est officier de la » justice divine, il peut sans crime » affliger et exterminer. Il fait en » cela une œuvre céleste en punis-» sant le pécheur à cause de ses pé-» chés; car cela apaise la colère de » Dieu. » Il se rencontre des hommes qui préfèrent cette étrange naï-veté à celle de Montaigne!

DES ASSISES DES TRIBUNAUX SECRETS.

J'ai dit que les francs-siéges avaient deux sortes d'assises: les publiques et les secrètes. Ces dernières n'admettaient que la présence des illuminés. Les romanciers ont eu soin de placer les francs-juges dans des bois impénétrables, dans des grottes profondes, dans des salles souterraines. Les chartes ne désignent qu'un seul franc-siége dont la situation pourrait donner carrière à ce genre d'imagination: c'est celui de Heinberg *sous la maison de Jean menken.* Loin de là les formes étaient presque patriarchales, la plupart des francs-siéges se tenaient sous une toîture ouverte comme ceux de Paderborn et du bourg de Wulften, placés sous le

12*

pérystile de la maison commune. Souvent, ils se tenaient à la face du soleil comme les francs-siéges de Nordkirken et de Sudkirken sur le cimetière, celui de Dortmund sur le marché. D'ordinaire, on se rassemblait dans un lieu champêtre. Le siége d'Arensberg était tenu sous l'ombrage, dans le jardin public, celui d'Elleringhausen sous des aubépines, celui de Bodeslchwing sous un poirier; à Freienhagen et à Grebenstein sous des tilleuls. Ces localités servaient même à les désigner: le siége du grand chêne, celui du vieil orme est-il dit souvent dans les chroniques. Ce passage des statuts: tout endroit est bon pour les francs-juges, pourvu qu'on le rende inabordable, a fourni aux descripteurs un texte inépuisable. Depuis on a reconnu qu'il indiquait seulement de soustraire les alentours du tribunal à l'œil des profanes: les

bourreaux et la corde y servaient
merveilleusement. On a prétendu
que les francs-juges ne siégeaient que
pendant la nuit; aucune des citations
qui ont échappé à l'oubli ne fait
mention de cette circonstance, si importante à leur validité. Il y a tout
lieu de croire, au contraire, qu'à
l'exemple des autres cours de justice
du nord, ces tribunaux s'ouvraient
au lever du jour.

Leurs lois de procédure ne méritent pas toutes le mépris dont veulent
les flétrir quelques écrivains un peu
prompts à confondre dans leurs ana-
thèmes et les branches diverses d'une
institution et ses abus et ceux qui en
profitent. On y trouve, à certains
égards, plus de notions d'équité que
ne le comportait toute la législation
de cet âge. Le principe de l'accusation y est particulièrement traité de

manière à sapper quelques abus. On
recherchait d'abord si le délit était
du ressort wehmique. Cette question
résolue affirmativement entraînait
l'évocation au franc-tribunal public,
les cas de flagrant délit exceptés. La
jurisdiction publique étendait sa compétence sur tous les citoyens. L'accusé refusait-il de se disculper ou de
comparaître, alors seulement, il devenait justiciable du tribunal secret.
Il en était ainsi des affaires civiles,
qui n'étaient portées devant les francs-
juges que dans le cas de désobéissance
aux juges naturels. On peut diviser
les procès wehmiques en trois classes,
en trois manières de procéder: les causes de flagrant délit, de procédure
inquisitoriale et de simple accusation.
Chacune de ces cathégories me four-
nira la matière d'un paragraphe.

DES CAS DE FLAGRANT DÉLIT.

Un coupable surpris en flagrant délit par des illuminés, ou suivant l'expression des statuts, trahi par sa main, son œil et sa bouche, était aussitôt saisi, jugé et puni (1). Mais ces circonstances étaient indispensables. Être trahi par sa main et son geste, dans le langage du droit saxon, s'étendait au delà du terme de flagrant délit. Être arrêté dans sa fuite après le crime, convaincu de receler un vol ou de porter les clefs d'un objet volé, être muni de l'instrument du meurtre, tous ces cas, à défaut de preuves atténuantes, appartenaient à cette

(1) Réforme de Robert. (On nomme réforme les statuts donnés par les empereurs touchant des institutions déjà existantes.)

cathégorie (1). Les statuts admettaient
en outre le cas de conviction par
l'œil et la bouche. Le regard égaré
était une preuve que complettait une
blessure, ou tout autre corps de délit.
La conviction par la bouche c'était la
confession du coupable. Cependant
toutes ces circonstances pour devenir
légales devaient être accompagnées
de l'arrestation immédiate: le coupable parvenait-il à s'échapper, on ne
pouvait plus en l'atteignant le soumettre à ce qu'on nommait la procédure de flagrant délit. L'intervention
du franc-comte devenait indispensable et les formes juridiques moins
rapides. « Remarquez bien, dit la ré-
» forme de Robert, s'il parvient à
» s'échapper, on ne peut plus rien
» lui faire qu'il n'ait d'abord été re-

(1) Miroir de Saxe. art. xxxv.

» connu justiciable et conduit au
» franc-siége permanent du saint-tri-
» bunal, ainsi qu'il est juste. » Il
fallait, quand le coupable avait été
surpris, qu'il fut jugé par trois francs-
juges pour le moins, ce qui n'était
pas trop sans doute, puisqu'ils accu-
mulaient les fonctions d'accusateurs,
de témoins, de juges et de bourreau.

La loi wehmique est, en général,
peu positive à l'égard de sa compétence envers la noblesse. Toutefois le
despotisme de cette caste, au moyen-
âge, dût rendre bien précieuse cette
clause de la réforme d'Arensberg, qui
n'admet aucune différence, dans le
cas de flagrant délit, entre le seigneur
et le vilain (1). Il est à remarquer
que c'est justement sur cette procédure de flagrant délit que s'est accu-

(1) Senckenberg. *Corpus jur. germ.* t. 1.

mulée la haine publique. Elle était (abus à part) bien supérieure aux procédures des tribunaux de l'époque, et sa rigueur même semble nécessaire, si l'on songe à ce temps où, grâce à la grande extension donnée aux preuves juridiques, on se purgeait d'un forfait par un serment, et où tout banneret, habile aux exercices chevaleresques, trouvait légalement son absolution à la pointe de sa lance.

DE LA PROCÉDURE DITE INQUISITORIALE.

La procédure inquisitoriale avait lieu lorsque le prévenu n'avait pas été surpris et arrêté par trois francs-juges, ou quand un criminel, pris en flagrant délit, s'était échappé et n'avait été atteint qu'un jour et une

nuit après l'attentat. Ce mode de procédure avait aussi lieu dans les procès de communautés. Dès qu'un franc-juge avait dénoncé un coupable, il devait fournir au tribunal des preuves suffisantes. L'accusé était alors mis au ban wehmique (1), et inscrit dans le livre de sang. Le jugement portait sommation à tous princes, seigneurs et nobles de l'empire, aux villes et surtout aux initiés de prêter secours à quiconque poursuivrait le proscrit; ce ban n'était légal que dans les cercles à l'obéissance des francs-comtés. Bientôt les francs-juges surent l'étendre à tout l'empire en déclarant « que le proscrit avait encou-
» ru la plus forte punition du saint-
» empire et du saint-tribunal secret,
» et qu'il était devenu traître et par-

(1) Verfehmt

» jure à l'empereur, à l'empire et à
» la surveillance wehmique. » Les
empereurs, soit qu'ils considérassent
les tribunaux wehmiques comme la
seule digue à opposer à l'aristocratie,
soit qu'ils les craignissent déjà eux-
mêmes, souffrirent ces usurpations
sans se plaindre. Le ban prononcé
par un franc-juge n'était plus chose
de peu d'importance, cent mille
bourreaux invisibles poursuivaient
le coupable. Le glaive était inces-
samment levé sur sa tête, et le cadavre du malheureux était bientôt
suspendu aux branches d'un arbre,
au bord de la voie publique, souvent
à quelques pas de ces longues poten-
ces que les seigneurs haut-justiciers
plaçaient sur leurs domaines : les
francs-juges n'y attachaient jamais
leurs victimes, afin qu'on les distin-
guât des coupables ordinaires, disent

les chroniqueurs, et peut-être aussi parce que, vu l'affluence, ils n'y trouvaient guères de place, ajoute gravement l'un d'eux (1).

Les illuminés paraissent avoir acquis une grande dextérité dans l'opération de la hart, car le seul mot de *wehmen* était devenu synonyme de celui de *pendre*. Lorsque le proscrit opposait une résistance opiniâtre, ils se servaient du poignard ; et pour s'assurer l'impunité, ils laissaient dans la plaie cette arme dont la forme n'était que trop connue. Ils pouvaient alors s'éloigner d'un pas tranquille, à la vue de la population en silence ; il est difficile de trouver, dans l'histoire, un régime de terreur plus fermement établi.

Le voile impénétrable qui couvrait

(1) V. Meibom.

les actes des francs-juges ne permettait pas aux accusés d'apprendre leur condamnation; elle était exécutée inopinément : l'appel était donc dérisoire. La réforme de Robert l'admet toutefois en termes formels. Pour comble de rigueur, celui qui avait sciemment quelques relations avec le proscrit, encourait lui-même le ban. « Il faut observer, dit cette » réforme, que si quelqu'un est mis » au ban wehmique, et que cinq ou » six autres, instruits de la chose, » souffrent qu'il chemine avec eux, » qu'il partage leur repas et leur » gîte, ceux-là seront aussi proscrits » et exécutés, tous autant qu'ils se- » ront. » Cette législation draconnienne n'appartenait pas seulement aux tribunaux wehmiques. Les lois de l'empire voulaient que tout citoyen qui fréquentait un individu mis au ban impérial, fut proscrit à son tour, et ces lois n'ont jamais été abrogées. La nécessité de punir le grand nombre de criminels avait déterminé les souverains à accorder le droit de procédure inquisitoriale aux tribunaux des villes et des princes. En 1340, Louis de Bavière permit à la ville de Nuremberg de condamner à la simple majorité, sur la dénonciation d'un juge. En 1434, Sigismond conféra de pareils droits à tous les tribunaux wirtembergeois, et Maximilien les prodigua à ses comtes et à toutes les villes de l'empire. Ces cours de justice privilégiées qu'on retrouve à Cologne, à Strasbourg, à Francfort-sur-le-Mein, à Erfurth, à Essling, ont été souvent désignées, mais à tort, sous le nom de wehmiques.

DES PROCÈS DE DÉNONCIATION.

Si la dénonciation n'était pas péremptoire, qu'elle ne présentât pas l'espèce d'authenticité exigée par les statuts, la procédure inquisitoriale cessait et faisait place au procès d'accusation. Ce mode transitoire se présente sous des formes moins âpres. On se voyait face à face comme le voulaient les anciens Germains. L'accusé était instruit du danger qui le menaçait, la plainte lui était adressée, elle était suivie d'une citation comme dans les autres tribunaux. La requête du dénonciateur, qui suppliait le tribunal de s'emparer de l'affaire, constituait l'acte de plainte et d'accusation. Avant d'y donner suite, on délibérait sur la question wehmique, savoir: si le délit était du ressort du comté; après s'être assuré que l'accusé avait été évoqué au tribunal public, on portait la cause aux assises secrètes, où la présence du délinquant ou de son procurateur devenait indispensable. Les citations qui ont donné lieu à quelques divergences de la part des écrivains, se faisaient aux frais du dénonciateur, et consistaient en lettres d'évocation confiées aux seuls initiés. Elles contenaient le nom du franc-comte, du dénonciateur et de l'accusé, la nature de la plainte et le délai accordé. Elles devaient en outre être écrites sur du parchemin, qui n'avait pas encore servi (1), sans ratures et revêtues de sept sceaux, ce-

(1) Le parchemin servait plusieurs fois pour les actes publics; on effaçait successivement les caractères, comme on le voit dans les manuscrits palympsestes.

lui du tribunal et de six francs-juges. Celles qui étaient adressées à un initié portaient cette suscription : « Il est défendu d'ouvrir, de lire ou d'écouter lire cette lettre, à moins qu'on ne soit illuminé du saint-tribunal. » Deux francs-juges la portaient en personne, à la demeure ou dans le refuge du prévenu (1). Le délai était de six semaines et de trois jours, après lequel, à défaut de présence, on renouvelait la citation à six semaines de là. Cette seconde lettre d'évocation était accompagnée d'une pièce d'argent, frappée au coin de l'empereur. La non-comparution entraînait un nouveau délai de six semaines et trois jours annoncé par une troisième lettre qui était apportée par six affidés. Si l'accusé était franc-

(1) Datt. l. IV.

comte, la première citation était présentée à sa demeure ou à son refuge par sept francs-juges, la seconde par quatre francs-comtes assistants (*Beygrafen*) et quatorze juges, la troisième par six de ces comtes et vingt et un juges. Une quatrième citation avait lieu à sa demeure : on ignore la punition qui suivait le refus de comparaître. Les profanes étaient traités avec moins de respect. Un initié glissait la citation sous le seuil de leur porte. Le délai qui leur était accordé paraît avoir varié ; la réforme de Didier, dite de Cologne, le fixe à treize ou quatorze jours pour un serf, lorsque les francs-juges se furent arrogés la jurisdiction sur eux, et six semaines pour un homme libre (1). Les citations adressées aux villes compre-

____

(1) Senkenberg, Corp. jur. t. 1.

naient tantôt les citoyens collective-
ment, d'autres fois quelques-uns d'entr'eux spécialement désignés. Le délai était de six semaines. Il était péremptoire et n'admettait aucune re-
mise ultérieure. Un accusé sans do-
micile, un vagabond était évoqué par
quatre citations qu'on jetait dans un
carrefour, vers les quatre points car-
dinaux : chacune d'elles renfermait
une pièce de monnaie.

Telles sont les formalités qui
étaient observées dans les citations.
Cependant il arriva que malgré la protection impériale, la terreur du nom
wehmique et la proscription qui menaçait les opposants, les huissiers
eurent souvent à combattre pour ac-
complir leur mission, surtout dans la
suite, lorsque des princes et des villes
de l'empire eurent conclu un traité
d'alliance pour arrêter, emprisonner

et souvent pour faire noyer les por-
teurs de citations des tribunaux secrets, les francs-juges permirent alors
à leurs envoyés de n'afficher et de ne
remettre leurs dépêches qu'après le
coucher du soleil. Ils pouvaient, en
cas de danger, attacher la citation à
la porte de l'accusé, au verrou et au
pont du château où il se trouvait,
dans l'église, dans le cimetière de la
ville évoquée, à la statue de quelque
saint ou à la boëte des aumônes. En
témoignage de l'exécution de leurs
ordres, ils criaient à haute voix d'a-
vertir le prévenu et se retiraient en
emportant une parcelle de bois qu'ils
arrachaient à la porte ou à la barrière,
et qu'ils remettaient au tribunal. La
ville de Gœrtlitz ayant été évoquée
au franc-siége de Brackel, la première
citation se trouva sur la banquette
d'un bastion et la seconde sur le pavé

de l'église des moines. On rapporte que l'accusé devait se rendre au jour fixé, quelques minutes avant minuit, au carrefour le plus proche, où il ne manquait jamais de se trouver un huissier pour lui couvrir les yeux et le conduire au tribunal. Il est fâcheux d'enlever à l'institution sa couleur aventureuse, mais rien n'est moins fondé: les lettres d'évocation portaient le nom du tribunal et le lieu de ses séances.

Le tribunal secret s'assemblait d'ordinaire le mardi, jour des séances des autres tribunaux de l'Allemagne, Sigismond porta la loi suivante: si un accusé se présente au jour fixé et qu'il trouve le tribunal fermé, la citation sera nulle, et lui déchargé de l'accusation. Mais il faut qu'il attende ses juges depuis midi jusqu'à trois heures après midi. Si on lui refuse audience, quand il est désarmé et qu'il n'est pas accompagné de plus de *trente* amis, il sera également absous. — Quiconque refusait de comparaître payait à la première citation une amende de trente escalins tournois; à la seconde citation l'amende était de soixante escalins (1); la troisième citation entraînait la perte *de l'honneur et de la vie*. Ainsi s'exprime la réforme d'Arensberg (2). Néanmoins le franc-comte pouvait différer encore et accorder un jour royal ou jour de l'empereur Charles, c'est-à-dire un dernier délai de six semaines et de trois jours. (3)

On admettait, selon le miroir de Saxe, quatre motifs de dispense (*im-*

(1) Kopp. (*Suppl. aux trib. sec. N.º XXXVI.*) assure que le prévenu payait 60 escalins à chaque citation.

(2) Senckenb. *corp. jur.* t. 1. p. 2.

(3) Haltaus. gloss. au mot *kœnigstag.*

pedimenta legitima.) La prison, une maladie, le service de Dieu, c'est-à-dire un pélerinage ou une croisade et le service de l'empire. La réforme d'Arensberg admet encore quelques cas additionnels, comme lorsqu'on avait un fleuve à traverser et qu'on était arrêté par une tempête ou par le défaut d'un pont ou d'un navire; lorsque, se rendant au tribunal, on perdait son cheval durant la route; lorsqu'on était sorti du pays avant la citation pour affaire de commerce *ou de chevalerie* ou qu'on se trouvait enrôlé chez l'étranger. « En » général, dit la réforme, les allégations » fondées, doivent être accueillies et » nul ne doit être taxé de désobéis- » sance que celui qui se comporte » avec rudesse et avec impudence. » Toutefois, il fallait justifier de sa position par le témoignage de témoins non suspects ou par des pièces authentiques. Quand on ne pouvait payer l'amende qu'on avait encourue et qu'on se présentait à la troisième citation, il fallait jurer, la main sur l'épée du franc-comte, par la mort que Dieu a soufferte sur la croix, qu'on était indigent et hors d'état de satisfaire à la loi.

Le régime intérieur des assises publiques a trop d'analogie avec celui des autres cours de justice du nord pour arrêter nos regards. Les procédures secrètes doivent appeler d'ailleurs toute notre attention.

DE L'INTÉRIEUR DU TRIBUNAL SECRET ET DE LA MISE AU BAN.

Le tribunal libre et secret était présidé par un franc-comte. Celui-ci

avait auprès de sa personne les francs-
juges, le greffier et un nombre d'initiés qu'on nommait l'entourage. Devant le comte, sur une table, on
voyait une épée nue et un nœud de
cordes. « L'épée, dit la réforme, si-
» gnifie la croix sur laquelle Jésus a
» souffert pour nos péchés (1), et le
» nœud, la punition des méchants
» qui apaise la colère de Dieu. »

« Quand le tribunal est assemblé
» pour le ban du roi, ajoute cette loi,
» et qu'il s'occupe de surveillance se-
» crète, aucun des assistants ne doit
» couvrir sa tête; ils rejeteront leurs
» cappes et leurs bonnets, et montre-
» ront leur visage, cela signifie qu'ils
» ne veulent point cacher leur cons-
» cience; leurs mains seront nues,
» afin que l'on sache leur désintéres-

(1) La poignée des épées formait exactement une croix.

» sement, ils seront sans armes, sans
» armure, afin de ne pas inspirer la
» terreur et parcequ'ils sont sous la
» protection de l'empereur et de
» l'empire; ils seront calmes et sans
» colère, afin que l'enivrement des
» passions ne les porte pas à des in-
» justices: car l'enivrement rend très
» méchant. »

La loi ordonnait, comme je l'ai
dit, de saisir tout profane qui s'in-
troduisait dans le tribunal, et de le
pendre à l'arbre le plus proche: elle
réservait un sort plus rigoureux aux
faux francs-juges, ils devaient être
palmondés, c'est-à-dire, être liés par
une corde, et conduits, les yeux cou-
verts d'un bandeau, dans un cachot
pour y rester neuf jours, après lesquels ils étaient traités selon le droit,
c'est-à-dire, pendus (1).

(1) Réforme d'Arensberg.

14

Le franc-comte ouvrait la séance, dans les formes admises auprès des tribunaux du moyen-âge. Il demandait à l'huissier s'il était bien jour et heure d'établir un tribunal sous le ban royal, et quel était le nombre de francs-juges assemblés. Dans ce temps, les accusés se présentaient devant les tribunaux, entourés de tous les clients qu'ils pouvaient rassembler et qui leur servaient de témoins. Dans les tribunaux wehmiques on n'en admettait que trente, encore avait-on le soin de les désarmer. On pouvait se faire représenter par un procureur, pourvu qu'il fut initié. Celui qui avait accepté cette fonction, ne pouvait comparaître aussi pour la partie adverse. Une commission choisie parmi les francs-juges examinait la procuration et une sentence en proclamait la validité. La procuration devait être écrite sur du parchemin immaculé, sans ratures et revêtue du sceau de deux francs juges.

Le procureur d'un prince de l'empire s'avançait, tenait une croix verte dans sa main droite revêtue d'un gant, et un denier d'or dans l'autre. Quant au procureur d'un *mauvais* prince, c'est ainsi que sont désignés les princes qui ne sont pas immédiats (1), on se contentait de lui demander deux deniers d'argent. « La croix que vous portez, disait le franc-comte au procureur, signifie que votre maître, s'il est reconnu coupable, se repentira, comme le veut l'évangile, que Jésus crucifié nous a prêché, et qu'il restera fidèle à la sainte religion chrétienne et au saint-empire. » L'accusé était aussi admis

(1) Réf. d'Ar. p. 116.

à choisir un défenseur et à donner
une caution; dans ce dernier cas, on
lui accordait un jour royal, c'est-à-
dire un délai de six semaines et de
trois jours.

Un accusé qui refusait de comparaître, était convaincu du crime dont
on le chargeait, par le serment de six
initiés. Un franc-juge jouissait, auprès des francs-siéges, du droit qu'a-
vait un homme libre dans les autres
tribunaux de l'Allemagne : il pouvait
se purger en jurant qu'il était innocent du fait dont on l'accusait. Le
franc-comte lui jetait un denier
en signe d'acquittement et il *pouvait
continuer son chemin*, dit la réforme (1) : celui qui l'arrêtait troublait
la paix publique. Plus tard, les cris

(1) *Und er zog seine strasse.* Senckenb.
corp. jur. t. 1.

de l'Allemagne entière firent retirer aux inquisiteurs wehmiques, cette prérogative qui donnait une extension trop choquante à l'impunité accordée aux criminels sur la terre; de telles concessions, faites à propos, eussent long-temps encore retardé la chute de cette inquisition.

Un profane ne pouvait attester son innocence qu'à l'aide de témoins. Si l'accusateur en produisait un plus grand nombre, le délit demeurait prouvé. On ne pouvait toutefois, de part et d'autre, en faire écouter plus de vingt; passé ce nombre, dit la réforme, la foi s'arrête. Les témoins, produits par l'accusateur, juraient préalablement « qu'ils ne venaient pas » *loués* pour de l'argent, ou poussés » par amitié ou par haine ou par ja- » lousie ou par colère, ni pour tra- » fiquer de méchantes paroles ou de

» fausses inculpations; qu'ils n'étaient
» pas dominés par force supérieure;
» mais qu'ils avaient vu de leurs yeux,
» entendu de leurs oreilles. » On serait tenté de croire, d'après cette formule que le *juramentum de credu-
litate* (1) n'était pas chose admise :
s'il en était ainsi, nous serions gran-
dement redevables à cette cour wehmique : ce serait un pas immense
qu'elle eut fait vers la lumière, dans
ce moyen-âge, où le combat judiciaire
annulait tout jusqu'aux preuves fondées sur des chartes et des contrats (2).
Si le délateur l'emportait, il priait le

(1) Les conclusions tirées des épreuves judiciaires.

(2) « Lorsqu'une des parties produisait une
» charte ou un autre titre en sa faveur, l'oppo-
» sant pouvait récuser cet acte, affirmer qu'il
» était faux et supposé, et offrir de le prouver
» par le combat. » Robertson (*Introd. à
l'hist. de Ch. V. not. XXII. sect.* 1.

franc-comte de donner cours à la justice : on nommait cela *la demande
de l'accusateur* (1). Le président ordonnait à un franc-juge de prononcer d'inspiration : c'était *le trans-
port du jugement sur un vrai juge* (2).
Au refus de ce dernier, le comte en
nommait un autre ; s'il s'en suivait
de nouveaux refus, on remettait l'é-
mission du jugement : cette circonstance se nommait *les effets de l'entourage* (3). Le jugement devait être
prononcé cependant séance tenante,
et le procureur ne pouvait s'éloigner avant l'issue de l'affaire. En cas
de condamnation, il devait se rendre,
avec plusieurs initiés, auprès de celui qu'il représentait, et briser avec
eux une baguette au-dessus de sa tête.

(1) Kindlinger, t. 3.
(2) Ibid.
(3) Ibid.

On ignore si le juge élu était tenu de prononcer à la majorité des voix.

C'est en vain qu'on rechercherait le code pénal de l'institution wehmique. Les statuts qui sont restés s'appesantissent peu sur cette partie, et les réformes terminent chaque énonciation de délit punissable par ces mots : « Et le coupable sera puni se-» lon qu'il est dit dans le droit secret.» La pendaison y jouait sans doute un grand rôle : un petit nombre de fautes sont désignées dans les statuts comme dignes de ce châtiment; il y est déguisé sous le nom fort adouci de *peine de l'arbre* (1).

Le ban d'un non-comparu était publié en ces termes : « Il est excepté » de la paix publique, privé de tou-» tes franchises et de tout droit, re-

(1) Réf. de 1430.

» tranché de la communauté des chré-
» tiens, et destiné à la plus grande
» disgràce, à la pendaison et maudit:
» sa femme est déclarée veuve, ses
» enfants orphelins, son honneur flé-
» tri, chacun peut lui courir sus; son
» gosier sera livré aux loups, et le
» reste de son corps aux oiseaux du
» ciel et aux poissons de la mer :
» du reste son âme est recommandée
» à Dieu. » Ce ban diffère peu de celui de l'empereur qui était encore en
vigueur dans le dernier siècle.

Une année après la publication de
son ban, les biens du proscrit appartenaient à l'empire. Un prince perdait ses charges et ses honneurs, une
ville, une communauté, ses priviléges et ses titres. Le ban prononcé sur
l'honneur et la vie, n'était pas connu du proscrit non initié. Il ignorait
entièrement l'issue du procès. Les dé-

lateurs seuls et les bourreaux en avaient connaissance. S'ils pouvaient atteindre le condamné, le plus jeune d'entr'eux le pendait sur le champ. Quant aux initiés, leurs priviléges les suivaient au delà de la vie: ces malheureux étaient attachés sept fois plus haut que les profanes.

DE L'APPEL.

La réforme des tribunaux sécutes faite à Arensberg par Didier, évêque de Cologne, d'après l'ordre de l'empereur Sigismond, accorde aux condamnés le droit d'appel dans les cas suivants: lorsque les juges étaient partagés et que le jugement n'avait pas suivi immédiatement; lorsque les témoins avaient laissé des doutes et lorsque le jugement choquait le droit.

L'appel devait suivre sans délai la promulgation du jugement. On accordait cependant aux parties quelques heures pour se concer er. Si l'une d'elles persistait dans l'appel, elle devait donner caution de poursuivre la cause. (1) Les étrangers et les indigents étaient seulement tenus de prêter serment et dispensés de caution, parceque, dit la loi, l'étranger et le pauvre peuvent, dans le saint empire romain, défendre leurs droits tout aussi bien que le citoyen et le riche.

Il paraîtra au moins singulier de voir figurer l'institution temporisatrice de l'appel au milieu des formes rapides et résolues des tribunaux wehmiques. La loi l'admettait cependant: il était porté devant le chapitre

(1) De lite prosequenda.

de la surveillance secrète en chambre impériale, c'est-à-dire dans le chapitre général qui était tenu d'ordinaire dans la ville de Dortmund. On pouvait aussi en appeler du tribunal secret au souverain, *s'il était illuminé*. Son jugement suprême ne pouvait toutefois être prononcé que par l'organe de commissaires pris parmi les francs-juges et l'enquête ne pouvait avoir lieu que sur la terre rouge. En 1429, l'empereur Sigismond choisit dans le sein du tribunal de Dortmund une commission pour examiner l'appel de Cord de Langel, mais dans l'année 1474, quelques bourgeois de Lubeck en ayant appelé du siége de Brackel à l'empereur (1), celui-ci commit à l'examen le bourguemestre et le conseil de la ville de Hambourg. L'appel

____

(1) Frédéric le politique.

pouvait également avoir lieu auprès du chancelier qui jugeait, ainsi que l'empereur, en dernier ressort.

Après le règne de Charles IV, lorsque l'archevêque de Cologne cumula la grande maîtrise wehmique et la charge de chancelier de l'empire, les appels des siéges westphaliens se firent du prélat grand-inquisiteur au prélat chancelier; cet abus n'était pas dans l'institution, il s'y glissa comme tant d'autres.

Au temps où la chambre impériale eut acquis son organisation et une grande influence dans l'empire, les tribunaux wehmiques moins puissants ne purent s'opposer à ce que les appels fussent portés devant ce collége. La ville de Weissenbourg, dans le Nordgaw, s'étant arrogé le droit de mort sur des brigands, fut citée devant le siége de Waltdorf et en appela à l'empereur et à la chambre de justice. D'autres en appelèrent au pape et au concile, Cord de Langel porta son appel du siège de Soëst au concile de Bâsle. Ces dernières espèces d'appel n'étaient pas admises par les réformes et les appelants n'en tiraient aucun fruit.

Deux autres moyens de ceux qu'on nomme *échappatoires*, restaient encore aux accusés: la plainte en nullité et la demande de rétablissement. Ce dernier moyen était particulier aux initiés contumaces. L'impétrant devait se présenter en séance secrète, accompagné de deux francs-juges, il devait porter une corde autour du cou et tenir entre ses mains, revêtues de gants blancs, une croix verte et un florin de l'empire, et enfin, il devait s'agenouiller et implorer sa grâce. La plainte en nullité était

fondée sur la violation des formes
voulues par les statuts. Quand on
avait épuisé ces différents moyens,
tout espoir n'était pas détruit. L'empereur avait encore le droit d'accorder un délai de cent ans six semaines et un jour. Cet ajournement au
tribunal éternel ne sauva pas toujours le proscrit.

Tel est, en général, le résumé des
documents connus, touchant les statuts wehmiques. Quelques notions
recueillies sur le chapitre, le grand-
maître et l'empereur, considérés comme juges suprêmes, nous conduiront
à l'histoire positive de cette institution.

DES CHAPITRES GÉNÉRAUX.

Le chapitre général était l'assemblée des grands-maîtres, des francs-comtes et des francs-juges. L'empereur et son chancelier avaient droit de le convoquer une fois l'année. Les francs-comtes à leur réception, juraient de s'y présenter. Les grands-maîtres et les initiés jouissaient du libre-arbitre. Le chapitre ne pouvait être assemblé qu'en Wesphalie. Dortmund et Arensberg en furent presque toujours les siéges. Les archives de l'ordre sont restées à Dortmund. Le chancelier et son substitut remplissaient les fonctions de président. L'empereur, s'il était illuminé, pouvait présider en personne. En 1429, Sigismond présida le cha-

pitre général, assemblé à Dortmund.
On revisait dans ce collége les actes
des francs-juges; on y punissait la
prévarication ou plutôt l'indulgence.
Les appels y étaient discutés et les
francs-juges y faisaient confirmer
ceux de leurs arrêts qui donnaient
naissance à des discussions avec l'empire; cette confirmation souveraine
tendait à les faire cesser subitement.
Le chapitre s'occupait aussi de la confection des statuts et de la solution
des cas douteux. Les réformes de
Dortmund et d'Arensberg émanèrent
des chapitres tenus dans ces deux
cités.

DES RAPPORTS DES TRIBUNAUX SECRETS AVEC L'EMPEREUR.

Tout hardis que furent les coups
portés en Allemagne, à l'autorité

souveraine depuis le règne de l'empereur Henri IV, les empereurs n'en furent pas moins regardés comme la source du pouvoir législatif (1). Aucun tribunal ne pouvait exercer le ban de vie et de mort, sans en avoir été investi médiatement ou immédiatement par le monarque. Un prince laïque pouvait transmettre celui qu'il avait reçu jusqu'en troisième main. Les princes ecclésiastiques jouissaient du même privilége depuis 1298, époque de la dispense de Boniface VIII. En matière wehmique, il n'en était pas ainsi : les grands-maîtres investis du droit de ban ne pouvaient le transmettre et tous leurs subordonnés étaient forcés de se faire présenter à l'empereur ou à son chancelier, pour

____

(1) L'empereur est la pierre et la fontaine de justice, disent les statuts d'Osnabruck.

obtenir l'investiture du droit impérial. Un franc-comte qui prononçait
le ban, sans en avoir été investi, s'ex-
posait à perdre la langue (1).

L'empereur exerçait la surveillance générale sur les tribunaux secrets. Il pouvait les visiter en tout
temps, assembler annuellement le
chapitre, et réformer les abus. Quand
l'empereur se présentait dans un franc-
tribunal, le franc-comte devait lui
céder le siége et la présidence (2).
L'empereur pouvait créer de nouveaux juges, mais seulement sur la
terre-rouge ; les francs-juges, créés
en Bohême par Wenceslas se seraient
exposés à périr par la corde, s'il leur
fut arrivé de se montrer en Westphalie. Un franc-juge ne pouvait refuser
de faire connaître à l'empereur le sort

(1). . *De weddet syne zungen.* Stat. d'Osnab.
(2) Statuts d'Osnab.

d'un accusé ; s'il s'écartait de l'esprit des statuts, l'empereur pouvait le déposer; les francs-comtes avaient aussi ce droit. Outre l'ajournement à cent années, l'empereur pouvait encore défendre aux francs-juges de donner suite à un procès ; s'ils refusaient d'obéir, ils étaient sous la loi du talion, et la sentence qu'ils avaient prononcée devenait exécutoire sur eux - mêmes (1). Les empereurs usèrent très-sobrement de ces deux priviléges, qui donnaient toujours lieu à de violents conflits.

En général, l'esprit de l'institution portait les francs-juges à rendre peu précis et à entourer de clauses dubitatives les priviléges impériaux à l'égard des siéges. D'un autre côté, les empereurs, toujours occupés à ré-

(1) Réf. de Robert.

tablir la tranquillité publique et à
éteindre les causes de divisions et de
querelles qui se multipliaient parmi
les barons et les princes, n'avaient
pas le loisir de combattre pour ces priviléges. Ils n'opposèrent jamais qu'une
faible digue à la licence sans frein des
francs-juges auxquels les dépositions
et l'interrègne donnèrent enfin une
influence qui fut sans bornes tant
que l'Allemagne demeura privée d'un
tribunal impérial puissant. La sujé-
tion de l'empereur est assez prouvée
par cette clause des statuts qui ne
l'admettait à la jouissance de ses droits
qu'autant qu'il était initié (1), et ce
ne fut pas, comme on pourrait le croire,
une simple formule dictée par l'excès
de l'orgueil. L'aristocratie wehmi-

(1) Réforme d'Arensb. — Senckenb. *cap*.
jur. t. 2.

16

que montra maintes fois assez d'audace pour se prévaloir de cette usurpation sur la majesté souveraine. Les annales nous montrent un certain Winecke Paskendall, franc-comte à Bintheim, déclarant nulle et non-avenue la réforme impériale promulguée à la diète de Francfort par Frédéric III, parce que, disait-il, l'empereur ne s'était pas encore fait initier (1442). Sous le même prétexte, le franc-comte du siége de Brunningshausen refuse de se justifier auprès de son souverain des méfaits qui lui sont attribués. Toutes les humiliations que fit essuyer à la royauté la puissance papale furent égalées par celles que lui préparaient les juges secrets. Les empereurs se virent contraints, lors de leur couronnement à Aix-la-Chapelle, de recevoir le diplôme de franc-juge des mains du comte de Dortmund, et de

couvrir la dalmatique de Charlemagne du manteau d'un inquisiteur.

DES GRANDS-MAÎTRES.

La grande maîtrise suprême de
l'institution wehmique étant devenue
la prérogative des archevêques de Cologne, ils eurent le droit d'investir
du ban de vie et de mort. Ce privilége excita la jalousie des autres prélats westphaliens, ils ne négligèrent
aucune occasion de contester ces droits
au grand-maître. Celui-ci ne demeura
pas moins en possession du droit d'assembler le chapitre, de révoquer les
francs-comtes et d'user, en général.
de tous les priviléges de la souveraineté. Les grands-maîtres, qu'on a
souvent confondus avec les présidents
de siége et les comtes, ne faisaient

pas partie des tribunaux. Leur caractère était celui de seigneurs hauts-
justiciers, et souvent ils n'étaient pas
initiés. Ils faisaient agréer par l'empereur ou par le chancelier, les comtes qu'ils avaient nommés. Ils étaient
tenus de se faire investir eux-mêmes
du ban de vie et de mort, bien qu'ils
ne pussent le transmettre à d'autres.
Les grandes maîtrises appartenaient
souvent à des titulaires collectifs. Des
villes exercèrent cette charge. Dortmund eut la grande maîtrise du franc-
comté de ce nom; Soëst, Munster,
Osnabruck, acquirent le droit d'exercer cette charge. Il entrait dans la
politique des villes puissantes de se
procurer la grande maîtrise des siéges
établis sur les terres de leur obéissance, afin d'éviter le *status in statu*
et ses suites fâcheuses. En général,
la charge de grand-maître représen-

tait une sorte de cour d'appel dans l'intérieur du franc-comté. Cette institution, fort sage en elle-même, ne fut pas établie sur des bases assez larges pour devenir durable.

DES CERCLES DE JURISDICTION.

Les siéges des véritables tribunaux wehmiques établis en Westphalie ne dépassèrent jamais les limites de cette province. Une chronique saxonne s'exprime ainsi : « Comme il n'y a au- » cune sûreté à attendre des West- » phaliens, l'empereur leur a imposé » les tribunaux secrets; quant aux » Saxons, il essaye encore une fois » de les réduire. » Les Saxons dont il est ici question habitaient la rive droite du Wéser ; la Westphalie, et non pas la Saxe, est désignée comme

le berceau de l'institution wehnique.
La réforme d'Arensberg donne quelques noms de grands maîtres ; ils ont
tous leurs siéges en Westphalie. Les
princes ne pouvaient posséder de
francs-siéges que dans leurs possessions westphaliennes, et nullement
au-delà. Les lois de l'empire expri-
ment elles-mêmes ce principe.

On ne saurait nier qu'au temps de
leur plus grande puissance, les francs-
juges n'aient frappé jusqu'aux provinces les plus reculées de l'Allemagne, mais les coups partaient toujours
du fond de la Westphalie. On a prétendu que les francs-siéges avaient été
portés au-delà du Wéser, cette erreur a pris une telle consistance qu'il
est généralement admis, même en
Allemagne, que les francs-siéges en
couvraient la surface, et s'il fallait
ajouter foi aux récits des voyageurs,

il n'est pas de forêt, d'antre où l'on n'en retrouve des traces. Ces suppositions se fondent principalement sur les priviléges impériaux, et particulièrement sur celui qu'accorda Frédéric III, en 1451, à la ville de Strasbourg où il est dit que cette ville ne sera citée à l'avenir par aucun franc-comte ou franc-juge westphalien *ou d'autres pays*. Kopp a remarqué judicieusement que le style de chancellerie restreignait alors singulièrement l'étendue de la Westphalie, et qu'on trouve fréquemment la partie westphalienne du duché de Gueldre, désignée, dans les protocoles impériaux, comme appartenant aux Pays-Bas. Les vieilles formes diplomatiques ont pu aussi faire croire à l'existence des francs-siéges dans les Pays-Bas. Des auteurs modernes ont trouvé des francs-tribunaux hors de la Westphalie, dans la Hesse et dans le Waldeck ; ils ignoraient sans doute que ces deux pays firent jadis partie de la Terre-Rouge, ainsi que l'atteste le petit nombre des notions géographiques qui nous sont restées. C'est à la pénurie de documents de ce genre qu'il faut attribuer ces erreurs. C'est ainsi que l'on a vu des francs-siéges partout où se trouvaient des francs-juges, c'est oublier que ces derniers n'étaient que des émissaires; que chacun d'eux avait le droit de citer une ville entière, et que le moindre siége westphalien pouvait ainsi lancer les citations du Rhin à la mer Baltique.

Je dois toutefois faire remarquer qu'en 1374, Charles IV accorda, par une disposition particulière, à l'évêque d'Ildesheim la permission d'ériger dans son évêché, deux francs-siéges, *à la*

manière des francs-comtés westphaliens, l'un à Pein, l'autre à Jers-
tadt. Mais les débats que fit naître
cette innovation furent longs et ora-
geux. Les états westphaliens s'élevèrent avec une telle force contre ce
privilége de l'empereur que celui-ci
jugea prudent d'en signer la révocation. Charles IV relate, dans ce second acte, les ordonnances de ses prédécesseurs qui s'étaient abstenus d'é-
riger des francs-tribunaux autre part
qu'en Westphalie, et ses expressions
laissent même soupçonner que les
siéges de l'évêque d'Ildesheim n'a-
vaient pas encore été établis (1).

---

(1) . . . *Quòcircà*. . . *mandamus, quatenus
supersedere debeas exercicio et usui sedium
predictarum quousque doceatur donec coram
sacro romano imperio an gratia tibi facta per
nos de dictis sedibus transire debeat in effec-
tum*, etc.

A la paix de Westphalie de 1371, quelques tribunaux impériaux furent investis du droit de condamner et de frapper immédiatement les perturbateurs de l'ordre public; ce droit leur était déjà repris en 1374. Plus tard, Wenceslas rétablit les priviléges de 1371 en faveur des tribunaux secrets créés par le comte de Nassau-Dillenbourg : les juges westphaliens qui bravaient déjà la volonté impériale, ne laissèrent échapper aucune plainte. C'est que les tribunaux du comte de Nassau, soumis à une autorité municipale, n'avaient rien de commun avec l'inquisition wehmique, si jalouse de ses droits, et qui sut leur donner tant de force en les unissant en faisceau dans la seule Westphalie.

DES PRINCIPAUX SIÉGES DE LA COUR WEH-MIQUE.

Au XIIIe siècle, la Westphalie, soumise aux justices provinciales, était en outre divisée en comtésqu'on nommait francs-comtés. Un franc-comté renfermait un ou plusieurs francs-siéges selon l'étendue du cercle qu'il embrassait. Ces francs-siéges jouissaient, pour la plupart, du privilége de juger selon le droit weh-mique westphalien. Les autres suivaient dans leurs procédures les formes du droit saxon.

On nommait franc-duché la réunion de plusieurs francs-comtés. Des évêques, des, comtes, des barons étaient investis de ces francs-duchés auxquels ne se rattachait nulle prérogative importante.

Il n'est pas possible de déterminer
le nombre des francs-siéges qui jouissaient du droit wehmique. Il est peu
nécessaire de chercher à s'en instruire.
Seulement, en jetant un regard sur
les actes d'investiture, conservés par
les historiens, on voit que l'institution wehmique s'établit progressivement dans le pays de Minden, dans
la Lippe, le Rietberg, les seigneuries
de Rhéda, de Ravensberg, de Tecklenbourg, dans les cités de Munster et
d'Osnabruck, dans le duché de Gueldres, dans celui de Clèves, dans l'O-
ber-Yssel et la Marche. Mais le siége le
plus important, celui autour duquel
se groupèrent tous les autres , fut
établi dans la ville impériale de Dortmund : c'est le corps de l'hydre wehmique.

Un diplôme de Louis de Bavière
accordait à Dortmund le droit de fer-

mer ses portes aux francs-juges, mais
ce privilége ne fut pas respecté, et
le tribunal wehmique vint siéger
jusque sur les marches de l'hôtel-de-
ville. Au jour du chapitre général
qui eut lieu sur la place publique de
Dortmund, on compta plus de mille
francs-juges qui y assistèrent. Plus
tard, en 1502, on voit le franc-
siége de Dortmund s'établir hors les
murs de la ville, *sous un tilleul* (1).
C'était un retour aux anciennes
mœurs.

Limbourg, dans le comté de ce
nom, eut son franc-siége. La petite
ville de Neustadt acquit une grande
importance au moyen du sien. En
1548, Séverin de Fridenaldenhoven,
franc-comte de Neustadt, rendit la
ville de Saint-Goar solidaire de la

(1) Dreyer, introd. au recueil des statuts de
Lubeck.

condamnation d'un juif qui n'avait pas répondu à sa citation; il fallut obéir.

Le grand duché westphalien de Cologne vit bientôt la justice wehmique envahir jusqu'à ses moindres bourgs; elle s'empara successivement de Rhuden, de Corbech, de Husten, d'Arensberg où présida souvent l'électeur de Cologne, du bailliage d'OEstinghausen, du Gau-Graviat d'Ewite, du bailliage de Billstein et de Frédebourg, dans lesquels on traça le franc-comté de Hundême qui comptait cinq francs-siéges: celui de Hofacker dans le château de Hundême, celui de Heinberg dans les caves de la maison de Jean Menken, de Brachthausen dans le champ de Rabbenhorst, du grand-chêne et du ravin des Welches.

Les auteurs allemands citent les

noms d'une foule de siéges dont
ils ont constaté l'existence. J'épar-
gne aux lecteurs français cette aride
nomenclature qui peut offrir quelqu'intérêt en Allemagne. Seulement
pour donner une idée de la puissance
des francs-juges, j'ajouterai qu'un
des siéges les moins importants, celui d'Elleringhausen sous l'aubépine,
situé dans le bailliage de Landau,
étendait sa jurisdiction jusqu'à Dantzick (1).

(1) Voyez la note 1 à la fin de cet ouvrage.

LE TRIBUNAL WEHMIQUE.

DES TEMPS DOUTEUX JUSQU'A LA RÉFORME DE RUPERT ET LE VICARIAT GÉNÉRAL.

IL est peu d'institutions, au moyen âge, dont les traces sont aussi difficiles à suivre que celles des tribunaux secrets de la Westphalie. Celui qui le premier avança que l'institution wehmique est due à Charlemagne a fait dominer long-temps son opinion. Selon cette version, Charlemagne espérait faire exécuter au moyen de cette institution ce que n'avaient pu faire les armes de ses guerriers. Eresbourg, le refuge de Wittikind était détruit, les Irmensules étaient renversées, Wittikind lui même avait reçu le baptême et ses Saxons avaient suivi son exemple. Mais la Westphalie n'était que conquise; elle n'était pas pacifiée. L'esprit indépendant et sauvage de la nation se montrait encore de toutes parts et le paganisme et la liberté menaçaient chaque jour de reparaître du fond des forêts et des marécages où les Saxons s'étaient réfugiés. L'empereur avait jadis marché contre les rebelles, il le pouvait encore. Devenu l'ami du pape Léon, il préféra à la force une espèce de police inquisitoriale: de là, les francs-juges.

Le temps précis de leur fondation est encore un problème. Une ancienne charte en assigne l'époque à l'année 772, alors que Wittikind combattait encore et que le pays des Saxons n'était rien moins qu'une province soumise aux Francs.

Ce ne sont pas seulement les historiens qui reconnaissent Charlemagne pour fondateur de l'institution wehmique. Les ordonnances et les actes des francs-juges, les rescripts de l'empereur lui-même et particulièrement l'instruction qu'il remit en 789 au comte Trauttmann, semblent, à quelques égards, confirmer cette assertion. Le moine Ottfried rapporte en outre, d'après Trithème, que Charles avait donné à ses sujets, envoyes en Saxe, un alphabet secret pour correspondre entr'eux, et le capitulaire *de partibus saxoniæ*, montre avec quelle rigueur Charlemagne avait résolu d'agir contre les Saxons. Enfin, un privilége impérial de 1111, par lequel Henri V exempte la ville de Brême d'obligations envers les tribunaux wehmiques, prouve que cette institution existait déjà

depuis un certain laps de temps, et
qu'elle avait atteint un si haut degré
de puissance que les villes de l'empire se voyaient forcées de solliciter
l'affranchissement de son joug. Nul
auteur, pas même Éginhard écri-
vain contemporain, ne se présente
pour rendre cette opinion plausible
et le silence des chroniques, toujours
si prolixes et si minutieuses, serait
au moins étrange. Henri de Her-
ford et Aeneas Sylvius, qui firent
prévaloir cette origine (1) sont de
bien faibles autorités. Ils écrivaient
dans les XIV et XV⁰ siècles, et le cardinal Sylvius, souple courtisan de
Frédéric III (2), accoutumé à dégui-

(1) Adoptée par l'encyclopédie.

(2) Aeneas Sylvius Piccolomoni devenu pape
prit le nom de Pie II. Il succéda à Calixte III
(*Borgia.*); Frédéric d'Autriche, troisième du
nom était empereur. Il existe quelques ouvra-

ser la vérité, mérite d'autant moins
de confiance que son maître, jaloux
d'étendre l'autorité des francs-tribunaux qui le servaient dans ses desseins, a bien pu lui faire pressentir
la nécessité de protéger par un nom
révéré et par des souvenirs encore tout
puissants, une institution odieuse à
ses peuples. Quant aux francs-juges,
ils n'avaient qu'à gagner en répan-
dant cette croyance et le patronage
posthume d'un empereur, leur servit,
plus d'une fois, contre les empereurs
eux-mêmes.

Enfin le capitulaire *de partibus
saxoniæ* contient, il est vrai, des
mesures rigoureuses relativement à
la transgression du décalogue, mais
rien, dans cette loi, ne prescrit un
mode de procédure semblable à celui

ges qui le désignent, mais à tort, sous le nom
de Frédéric IV. (1458.)

des francs-juges. Il en est ainsi du diplôme du comte Trauttmann, qui fut envoyé en Saxe, en qualité de juge, pour prononcer sur le sort des rebelles. Trauttmann était comte et juge, en inférer qu'il était franc-comte et franc-juge serait un étrange abus des mots. Ottfried assure que Charles et ses envoyés se servaient d'un chiffre particulier, il en conclut qu'ils remplissaient l'office d'inquisiteurs. C'est un usage de tous les temps, et la diplomatie moderne, au compte de ce bénédictin, ne serait composée que d'inquisiteurs et de francs-juges. Il assure, et d'autres aussi, que Charlemagne ne créa pas l'institution wehmique avec ses abus, encore moins avec ses crimes. Les tribunaux que Charlemagne établit dans les provinces saxo-westphaliennes sont maintenant connus ainsi que les formes des

tribunaux wehmiques. Ces institutions n'ont de commun entr'elles
qu'un despotisme intolérable.

On a cru voir l'institution wehmique dans celle des mis ou commissaires (1), ces commissions établies
par Charlemagne, tombées en discré-
dit après sa mort, relevées par Louis-
le-Pieux et déjà totalement oubliées
sous Charles-le-Gros, se retrouvent
sans peine dans les pages de l'histoire.
Elles n'ont pas comme les francs-juges une origine obscure, ni des droits
illimités, ni même une dépendance
à des statuts. Les commissions ecclésiastiques ont donné lieu aux mêmes
suppositions , mais les inquisiteurs
wehmiques repoussèrent long-temps
les clercs de leurs siéges.

Puisque nous donnons place à des

______

(1) Lodtmann. *de orig. jud. vemicorum.*

conjectures, n'oublions pas celle qui attribue à St.-Engelbert la fondation des tribunaux secrets. Ce persécuteur acharné des hérétiques, aurait, dit-on, dans la fureur de son zéle, employé l'autorité que lui confia Frédé-ric III, à son départ pour l'Italie (1), pour introduire en Westphalie l'in-quisition religieuse. Mais Engelbert étendait sa domination sur tout l'em-pire, et dans l'excès de son zéle il ne se fut pas borné à désoler une province. L'Allemagne entière eut été couverte, comme les castilles, du réseau inquisitorial', avec ses buchers et ses actes-de-foi: on ne s'y fut pas contenté d'une simple justice laïque frappant sourdement et sans appareil au fond de quelque bois de la West-phalie.

(1) 1452.

J'omets les fatigantes controver-
ses dont le tribunal wehmique a si
long-temps été l'objet. La patience
allemande les a recueillies, depuis
celle qui découvre son origine dans
l'abus des lois saxonnes (1) jusqu'à la
dernière de toutes qui la retrouve
dans les effets de la proscription de
Henri le Lion (2). Nonobstant tous ces
témoignages dont on peut maintenant
apprécier la valeur; il faut se résoudre à regarder l'origine des tribunaux
secrets comme inconnue: abordons
l'époque de leur existence positive;
des conjectures conviennent peu à
notre pays et à notre siècle.

Wippo chapelain de Conrad le Salique et de Henri III est, suivant
Meibom et d'autres écrivains, le

(1) Klenkock. — *Decadicon contra errores
speculi saxon.*
(2) Selchow. Hist. du droit. § 330.

premier historien qui ait parlé de l'institution wehmique. Il écrivait au XIe siècle que Charlemagne de retour, en Saxe, de son expédition contre les Riburiens, scella du sceau de son autorité une loi saxonne très cruelle, et ne fit en cela que se conformer aux vœux de ses sujets (1). Les critiques modernes qui n'ignorent pas combien de lois très cruelles furent en viguenr durant ce terrible XIe siècle, ont refusé d'admettre le témoignage, d'ailleurs fort équivoque, même Wippo.

Le premier, le véritable vestige de l'existence du tribunal wehmique, se retrouve vers le milieu du XIIIe siècle; 1267. c'est un diplôme du comte Engelhert de la Mark, touchant l'héritage d'un

______

(1) Wipp. *de vitá Chunradi Salici in Pistorii scrip. rer germ.*

domaine de son franc-comté. (1) Il y est question de francs-siéges, d'affidés, de vémenotes, trois circonstances qui, réunies, n'appartenaient qu'à l'institution wehmique.

1280.   Vers la fin de ce siècle, un diplôme de Diderich de Schœnebeck, au sujet du cloître de Kappenberg, admet les veménotes à rendre témoignage et, souvent depuis, ces personnages figurent dans les actes publics.

Le zèle éclairé d'Epko de Repkow avait depuis un demi-siècle, rassemblé en un recueil les droits traditionnels des Saxons (2); un demi-siècle s'était écoulé depuis la fin des troubles occasionnés par la proscription de Henri-le-Lion, lorsque l'inquisition wehmique se laisse enfin aper-

(1) Voyez la note 2 à la fin de l'ouvrage.
(2) Dans *le miroir de Saxe.*

cevoir. Ces lumières avaient-elles retardé sa venue? Ces troubles l'a-
vaient-ils fait naitre? Des Saxons
courageux avaient-ils réuni leurs pé-
rils dans quelque retraite, comme les
Helvétiens des trois premiers cantons,
et l'ardeur de les détruire avait-elle
enfanté la chose wehmique? Ce sont
toutes questions qu'il faut reléguer
au chapitre des obscurités historiques
avec l'origine de presque toutes les
institutions du moyen-âge.

Le quatorzième et le quinzième
siècle durant lesquels le tribunal secret développa et affermit son autorité, appartiennent à cette période
de l'histoire d'Allemagne que carac-
térisent surtout l'anarchie et le droit
du plus fort. Les débats continuels du
clergé et des puissances temporelles,
les changements fréquents dans l'administration, la révolte des grands,

les guerres des nobles entre eux et
avec le tiers-état, les crises renaissan-
tes occasionnées par tous ces conflits,
tout s'opposait à la culture de l'esprit, à l'amélioration de l'état social.

C'est en vain que l'énergique Rodolphe de Hapsbourg prépara une
trève générale pour cinq années et que,
pour la maintenir, il détruisit soixante
et dix châteaux qui servaient d'asiles,
à de puissants dévastateurs ses travaux et sa fermeté demeurèrent sans
résultats. Était-ce d'un Adolphe de Nassau, pauvre de terres, occupé sans relâche à les défendre qu'on pouvait espé-
rer quelque chose ou du fantasque Albert ou d'un Henri de Luxembourg à
qui la domination de l'Italie tenait plus
à cœur que le repos de l'Allemagne?

L'empire prospéra tout aussi peu
sous les règnes suivants. La vie entière
de Louis de Bavière fut consacrée à

défendre son trône et ses jours. Tout entier à la Bohême, son apanage, Charles IV traita l'Allemagne en marâtre ; sa bulle d'or ne régla que des intérêts privés. Dès cette époque, les 1316. tribunaux wehmiques se trouvent déjà en grand renom. Frédéric le Beau, d'Autriche, conféra le franc-siége de Dortmund à l'archevêque de Cologne ; Louis de Bavière son rival, donna à l'évêque de Minden le droit d'ériger un franc duché, selon le droit wehmique, dans son diocèse. (1) Ce prince accorda au comte d'Arens-berg l'investiture de tous les francs-comtés situés sur les terres de son 1338. obéissance. (2)

Sous les règnes de Charles IV, de Wenceslas et de Robert de Bavière,

(1) Schilter. *Inst. Jur. publ. IV*.
(2) Joannes. *spicileg. tabular. litter. que Vet.* p. 492 et 493.

18*

les francs-juges reparaissent fréquemment sur la scène politique. Henri de Herfort, leur plus ancien historiographe, vivait sous Charles IV. Le caractère de ce prince ne se dément nullement dans les actes de son administration relatifs à l'institution wehmique. On le voit concéder des priviléges, les révoquer bientôt, les confirmer et les révoquer encore. Il sanctionne la faveur accordée par Louis de Bavière à l'évêché de Minden, qui avait alors Didier pour prélat, il y ajoute le droit d'érection de deux nouveaux siéges. L'année suivante les plaintes de l'archevêque de Cologne firent anéantir ce privilége et l'évêque d'Ildesheim, l'abbé de Corvey, investis de plusieurs francs-siéges les perdirent et les recouvrèrent selon les oscillations de la volonté impériale. Le caractère de Wenceslas, fils de

Charles, fut plus décidé. Il s'était
aliéné l'Allemagne, il s'aliéna les
francs-juges. Il fallait que leur puissance fut déjà bien grande puisque
l'empereur, qui avait créé des francs-
juges dans ses états héréditaires, s'étant
informé auprès des francs-juges westphaliens comment ils seraient reçus
s'ils se rendaient sur la terre rouge,
on lui répondit qu'il leur serait d'a-
bord demandé à quel siége ils avaient
été initiés, et s'ils désignaient un
siége incompétent, ils seraient pendus sur l'heure et sans miséricorde.
(1). Cependant Charles et son fils
paraissent s'être servis des tribunaux
secrets avec avantage, durant les
troubles de leurs règnes, et Henri,
comte de Werningerode fut condam- 1385.
né et pendu par les francs-juges, à

(1) Datt. l. IV c. VIII.

l'instigation de Wenceslas (1). Ce fut sous le règne de ce Wenceslas que l'on posa les premières bases du vicariat général de l'archevêque de Cologne dont j'aurai lieu de parler.

Robert a laissé plus de traces dans les annales des tribunaux secrets. Sa réforme est la première loi impériale qui concerne l'institution wehmique. Cette loi fixa les rapports entre le prince et les cours inquisitoriales. Les chartes varient un peu sur l'époque de sa promulgation. Les uns la place en 1404, en 1405, d'autres en 1408. Un historien assure qu'elle fut achevée au mois de mai de l'année 1404, à Heidelberg, dans la maison de Resbtock. Il est difficile de résister à des indications si précises.

Dans le moyen-âge, les tribunaux wehmiques devaient s'élever au plus

2) Wenher. de regist. P. 245.

haut degré de puissance et de grandeur. La force avait remplacé les lois,
les faibles cherchaient un appui, ils
se seraient ralliés avec ardeur sous
la première bannière qui leur eut
offert protection ; mais ils la cherchaient en vain. La justice de l'empire était sans autorité et les jurisdictions provinciales, privées d'unité,
n'offraient aucune garantie. Les tribunaux wehmiques parurent, promet-
tant secours à tous les opprimés, en
peu de temps leurs cliens furent in-
nombrables. La puissance dépendait
de l'unité : l'institution wehmique
devint tout-à-coup redoutable.

Bien que ce tribunal contrastât
dans quelques-unes de ses parties avec
les idées législatives du temps, il of-
frait tant de ressources contre les nombreuses infortunes que faisaient naître les mœurs chevaleresques, qu'il
tendît sans relâche à s'affermir. Le

plaignant obscur n'avait plus à redou-
ter la vengeance d'un maître ou de ses
subordonnés. Le même voile de mystère recouvrait la dénonciation du
premier et le châtiment du second.
Le voyageur effrayé, apercevait des
malfaiteurs de tous les rangs, suspen-
dus à la cîme des forêts, et le meurtrier tombait frappé du coup mortel
avant que le cadavre de sa victime
fut refroidi. Jamais rapidité venge-
resse n'égala celle des tribunaux de
la Westphalie. Initié ou non, le criminel n'y jouissait d'aucun de ces
droits d'épreuve alors en usage dans
toutes les jurisdictions, ni la vigueur
du corps, ni l'adresse ne pouvaient
le sauver : ici l'eau bouillante, le feu,
le combat et toutes les déceptions
étaient inconnus. Ce ne fut pas une
des moindres causes de la propagation
des francs-siéges ; tous s'y présen-

taient avec une sorte d'égalité qu'on eut en vain cherchée ailleurs.

Cette période de l'institution weh-mique dans laquelle nous entrons, la présente investie d'un pouvoir immense; on peut suivre les accroissements de sa puissance jusqu'au vicariat général de l'empire dévolu à l'archevêque de Cologne. Nous avons vu qu'après la chute de Henri-le-Lion, l'archevêque de Cologne, n'avait d'abord étendu son autorité temporelle que sur la partie du duché de l'Engrie et de la Westphalie qui ressortait de son diocèse, Bernard d'Anhalt s'était emparé du reste. Ce dernier n'ayant pas été reconnu par les états westphaliens, Cologne à son défaut le remplaça; l'archevêque de Cologne, en qualité de duc de Westphalie, exerça le droit de souveraineté, et bien qu'en 1314, Louis de

Bavière lui en eut retiré l'exercice pour le transporter temporairement à Trèves, il s'arrogea le pouvoir impérial et royal et la surveillance suprême des tribunaux wehmiques, surveillance qu'il eut d'abord la modération de restreindre aux francs-siéges de son duché, puis il l'étendit à tous sans exception, si bien qu'on vit le prélat attacher à sa mître les autorités impériale et royale, les puissances spirituelle et temporelle.

Charles IV reconnut la suprématie de l'archevêque sur tous les francs-siéges de son duché, par un privilége de 1355. L'empereur, en accordant le droit d'investiture, se réservait celui de mise au ban. En 1372, il lui concéda le droit de déposer les francs-comtes, prérogative jusqu'alors régalienne, toutefois, aucun de ces actes ne le désignait comme grand-maître wehmique ou grand inquisiteur. Cette faiblesse était réservée à Wenceslas qui se départit, avec une clause qui exprimait ses craintes et ses regrets (1), de tous les priviléges auxquels ses prédécesseurs s'étaient gardés de renoncer. L'archevêque et les prêtres purent alors juger en personne, car le pape Boniface VIII avait eu soin de rassurer leurs consciences timorées; sa discipline ecclésiastique de 1298 permettait aux prêtres d'exercer le droit de vie et de mort. Le ban de l'archevêque ne devait, aux termes du rescript impérial, être exercé qu'en Westphalie : ses successeurs n'en tinrent aucun compte.

Dès-lors l'institution wehmique devint soumise à l'influence ecclésiastique, qui la dirigea à son gré.

(1) *Sauf révocation*, dit le diplôme de 1382.

DEPUIS LA RÉFORME DE ROBERT JUSQU'A L'ÉTABLISSEMENT DE LA CHAMBRE DE JUSTICE IMPÉRIALE.

CETTE partie de l'histoire des tribunaux secrets, qui s'étend jusqu'à la proclamation de la paix publique et l'établissement de la chambre de justice impériale, comprend un laps de temps durant lequel l'Allemagne et l'Europe entière préparèrent ces grandes révolutions qui éclatèrent au commencement du XVI⁰ siècle, et changèrent tout le système européen. Cette période comprend aussi le temps de la plus grande autorité des tribunaux secrets. L'insolence que déployèrent les francs-juges fut et demeure sans exemple dans les annales de la Germanie. On les verra parvenir au faîte de la puissance, et là, comme tous les pouvoirs qui s'éloignent du but de leur mission, préparer leur chute et retomber dans le néant.

On ignore si Robert acheva ce qu'avait commencé Wenceslas et s'il confirma le droit d'administration générale accordé aux archevêques de Cologne. On voit toutefois ces prélats se présenter, au commencement de ce règne, revêtus de la dignité de grands vicaires généraux de l'empire. Ce nouveau titre accordé au grand maître augmenta l'influence des francs-juges. La Westphalie devint trop étroite pour eux, ils s'arrogèrent le droit de recherche dans tout l'empire ; l'Allemagne présente à peine un canton où leurs émissaires n'aient pénétré. Les villes surtout, dont la puissance s'élevait et menaçait de remplacer celle des seigneurs, devinrent l'objet de leurs procédures: aux abus près, c'était encore marcher selon l'esprit de l'institution. On égorgeait et l'on brûlait les Juifs en Bohême, dans plusieurs villes de l'empire et surtout à Spire.

1390. Strasbourg soutenait la guerre contre l'électeur palatin et contre son évêque: deux papes Boniface et Benoît, se disputaient la thiare: deux empereurs Wenceslas et Robert, dont l'un était en démence, se disputaient la couronne. Chaque ville, chaque prince se gouvernait à sa manière. Le reste de l'Europe était aussi agité que l'Allemagne. La France sous Charles VI, était en proie aux plus affreux désordres. Les Vénitiens, les Génois et les Pisans ensanglantaient l'Italie. L'Angleterre avait ses guerres civiles. Les Maures combattaient encore pour se maintenir en Espagne, et les Turcs préparaient la ruine du bas-empire. S'il fut jamais une époque favorable au développement de la puissance des tribunaux wehmiques, ce fut, sans contredit, celle-ci : ils frappèrent de toutes parts et sans ménagement. Les conciles semblèrent bientôt vouloir disputer aux tribunaux wehmiques le droit d'inquisition. Jean Hus fut brûlé par les pères, malgré le sauf-conduit de l'empereur 1415. Sigismond et Jérôme de Prague subit le même sort. Mais les conciles abandonnèrent aux francs-juges le soin de détruire les hérétiques plus obscurs. Les procédures contre les villes continuèrent : celle de Goertlitz, citée devant le franc-comte Henri de Sacke, oublia les craintes que lui inspiraient les Hussites pour ne s'occuper que de cette affaire. Son procurateur Bernard Dobeschuez se rendit à Arensberg, s'humilia au nom de la

19*

ville et acheta à tout prix son repos.

1428. Augsbourg eût, quelque temps après, le même sort malgré les exemptions qu'elle tenait de l'empereur Sigismond. L'avénement d'Albert II en 1438 prépara des changements dans l'empire. On réforma dans la diète de Nuremberg le tribunal des Austréges, qui établissait des princes pour arbitres entre les seigneurs qui se faisaient la guerre. L'Allemagne fut divisée en quatre cercles, celui de Bavière, du Rhin, de Souabe et de

1439. Westphalie. On y abolit l'institution wehmique: dès ce moment le seul fait de l'existence de ce tribunal fut une preuve de la faiblesse des empereurs. Frédéric d'Autriche, troisième du nom, fut élu empereur, au refus de Louis, landgrave de Hesse. Le concile, assemblé à Freissingen, dans cette année, priva de sépulture ceux qui mouraient en combattant dans un tournoi et sans confession. Les francs-siéges ne demeurèrent pas non plus oisifs. Un bourgeois de la ville de Nuremberg, nommé Henri Imhof avait été cité par Guillaume Krebs, bourgeois de Cologne devant le franc-comte de Bruningshausen. Ce magistrat étant venu, en 1440, à Nuremberg, fut sollicité par Imhof d'abandonner l'affaire au tribunal impérial ou à celui de la ville. Cette demande lui ayant été refusée, Imhof en appela à l'empereur et les magistrats de Nuremberg appuyèrent cette démarche. L'empereur saisit le tribunal de l'empire de la contestation, l'archevêque de Cologne le récusa et le franc-comte continua ses poursuites, en alléguant qu'il n'avait aucun compte à rendre à l'empereur, qui n'était pas initié et que les francs-tribunaux étant des cours impériales souveraines, nul autre tribunal impérial ne pouvait citer leurs membres. L'empereur, durant son séjour en Westphalie, s'efforça d'apaiser cette affaire qui montre dans quel mépris étaient tombés auprès des francs-juges les ordres impériaux et les actes de la diète qui avait prononcé leur suppression. C'est également de cette époque que date la réponse du grand-maître de l'ordre teutonique aux villes sous sa protection: « Chers âmés, leur écrivait ce » chef d'un ordre si puissant, vous » nous avez priés de vous préserver » des francs-juges. Dieu sait que nous » le ferions de grand cœur, si nous » en savions les moyens. » Il est vrai qu'il écrivit au franc-comte Mangolt de se garder de citer les membres d'un ordre qui comptait, dans son sein, des évêques, des princes et des

initiés. Mais Mangolt lui répondit
avec hauteur: « Vous tenez vos droits
» de l'empire et je suis ici pour juger
» tous ceux qui obéissent à l'empire. »
Les chevaliers teutoniques s'abaissè-
rent jusqu'à mendier à Rome des priviléges d'exemption, et n'épargnèrent
point leurs trésors pour apaiser le
ressentiment des francs-juges. Cet ordre teutonique qui gouvernait alors
si rudement la Prusse que les habitants de ce pays émigraient en foule
en Pologne, était à son tour singu- 1441.
lièrement opprimé par les francs-tribunaux. L'affaire de Hans David en
fait preuve. Ce David marchand à
Leibstadt, mort débiteur d'une somme considérable envers l'ordre teutonique, qui avait recueilli l'héritage,
à peine suffisant pour acquitter un
tiers de cette dette, avait laissé un fils;
celui-ci s'avisa de fabriquer un titre

de créance, qui n'était pas même re-
vêtu du sceau de l'ordre et portait
tout le caractère d'une grossière imi-
tation. Il fut renvoyé de sa demande,
et s'adressa successivement, mais en
vain, au pape, à l'empereur et au roi
de Pologne dont il était sujet. Ses titres furent examinés, trouvés faux et
rejetés après de longues et inutiles
tentatives. Hans David imagina, dans
cette année 1441, de porter sa plainte
devant le franc-siége de Freienhagen,
dont le comte était ce Mangolt, qui la
reçut, attendu, disait-il dans sa citation, que l'ordre teutonique marchait
à ses fins par l'épée et par le feu et
par le *meurtre silencieux* (1). Le
grand-maître cité se plaignit à l'empereur. Mangolt fut blâmé et Hans

(1) Voyez la note troisième à la fin de l'ouvrage.

David tranféré à Cologne, où il demeura deux années en captivité,
après lesquelles, et bien qu'il fut alors
prouvé que le titre était faux et
qu'il avait été fabriqué, à la demande
de David, par un écolier d'Elbing,
nommé Rothose, les francs-juges le
firent mettre en liberté ; ils ne
purent toutefois empêcher que ce
David et son compagnon ne fussent condamnés à une amende de
six mille florins du Rhin. David,
réfugié à Rome, sut éviter cette
punition par des appels successifs
aux différents siéges westphaliens.
Ces appels durèrent neuf années, ils
coûtèrent à l'ordre teutonique au
delà de quinze cents ducats, et en
dernier lieu, David fut absous.
Ce procès occupait encore toute l'Allemagne, lorsque l'électeur palatin fut

cité devant les tribunaux wehmiques.

1448. L'empereur le fut bientôt lui-même. Frédéric III était menacé par les armes ottomanes. En vain, le cardinal Aeneas Sylvius, depuis pape sous le nom de Pie II, sollicitait les princes allemands de venir au secours de l'empire; c'est en vain qu'il rappelait aux chevaliers teutoniques le vœu de leur ordre; les princes se faisaient la guerre entr'eux, et les chevaliers ne songeaient qu'à faire rentrer sous le joug leurs sujets de la Prusse et de la Poméranie, qui émigraient en Pologne. De son côté, Frédéric disputait la Hongrie à Mathias fils de Hu-

1459. niades; le duc de Bavière, le comte Palatin, l'électeur de Mayence et même son propre frère, se disposaient à faire la guerre contre lui. Mahomet II pouvait le dépouiller sans obstacle

et les francs-juges l'avilir impunément: les Turcs ne le dépouillèrent
pas, mais les inquisiteurs l'outragè-
rent. La cour de justice impériale avait
mis au ban plusieurs francs-comtes
et leur grand-maître le comte Wal-
rabbe de Waldeck, convaincus d'avoir
abusé de leurs pouvoirs. Cet acte de
justice irrita les francs-juges. Ils pro-
fitèrent des embarras de l'empire, et
citèrent par l'organe des francs-comtes Dieterich Dietmarstein , Henri
Smet et Hermann Grote, devant le
franc-siège dit *aux portes de Wunne-
berg*, dans l'évêché de Paderborn ,
l'empereur Frédéric III, son chancelier l'évêque de Passau et les conseillers de sa cour de justice impériale, afin, dit cette citation, modèle
de démence et d'audace, de répondre
de sa conduite sur sa vie et sur son
honneur, *sous peine de passer pour*

un empereur désobéissant (1). Le silence de Frédéric donna lieu à une seconde citation par laquelle on lui signifia que sa vie dépendait de son obéissance, et que s'il tardait à comparaître, l'affaire se continuerait comme il était d'usage pour les contumaces. Dans cette année, l'empereur rendit à l'archevêque de Cologne le titre de grand-maître et surveillant des tribunaux secrets, qui lui avait été enlevé et accordé au palatin du Rhin. (2) On est tenté d'expliquer par cette circonstance la conclusion à l'amiable des différends survenus entre l'empereur et les francs-juges.

Les tribunaux secrets continuèrent de procéder contre les cités; celles de

(1) *Bei Strafe fur einen ungehorsamen Kaiser gehalten zu werden.* Wencker. *appar. archiv.* 1713.

(2) Kopp. des trib. sec. §. 292.

Roswein et plusieurs autres villes de la Lusace furent évoquées. Les francs-juges s'étendirent au midi comme au nord, les francs-huissiers traversèrent pour la première fois le Rhin, et allèrent porter les citations jusqu'en Alsace et dans le comté de Hanau. Le Mecklenbourg et la Silésie virent aussi des proscrits atteints sur leur territoire. Les proscriptions s'augmentaient, et la stupeur générale s'accroissait par le calme qui précédait et suivait le meurtre. Les procés des villes et des princes attiraient de loin en loin l'attention. Le mouvement, les formes, qui les accompagnaient avaient quelque chose de moins terrible que ces procédures particulières, dont les arbres des forêts pouvaient seuls rendre témoignage. Goertlitz eut de nouveaux démêlés avec l'institution wehmique. Un certain Nickel

ou Nicolas Weller y donna lieu. C'é-
tait un bourgeois de Goertlitz affilié
aux francs-juges westphaliens. Il fut
accusé, devant les magistrats, d'avoir
enlevé à sa sépulture un enfant qui
était mort sans avoir reçu le baptême,
et d'avoir fabriqué avec sa graisse et
ses os, une chandelle magique qui,
placée dans une grange, lui avait servi
à éclairer les conjurations nocturnes,
auxquelles il se livrait de compagnie
avec sa mère, sa femme et un vieux
pâtre, dès long-temps réputé sorcier.
Cette accusation paraît monstrueuse;
elle était cependant fondée, puisque
Weller ne nia point le fait. Il fut
condamné à être étranglé, mais le
bailli de Stein et quelques magistrats,
parvinrent à faire commuer la peine.
Il fut seulement banni, et ses propriétés
furent confisquées. Weller échappait à
la mort, il voulut recouvrer ses biens,

et se rendit à Breslau pour y porter
un appel à l'évêque de Waradin, chancelier de l'empire. Les magistrats de
Goertlitz répondirent à l'enquête du
chancelier, et la sentence fut confirmée. Weller ne perdit pas courage. Il
s'adressa au pape Innocent VIII, et
s'efforça de lui persuader qu'il n'avait
avoué que contraint par la violence.
Le pape nomma deux commissaires
ecclésiastiques pour reviser le procès,
ce furent Jean Medici et Nicolas Tau-
chen, l'un magistrat et l'autre chanoine à Breslau. La sentence fut encore
confirmée, et le coupable excommunié.
Weller retourna vers le pape, auprès
duquel il trouva un appui dans la personne de Julien, évêque d'Ostie: l'excommunication fut levée, mais la
sentence demeura exécutoire. L'infatigable Weller revint à la charge, et se
tourna cette fois vers les francs-juges

20*

qui firent citer tous les habitants laïques de la ville de Goertlitz au-delà de
dix-huit ans, par Jean de Hulschède,
franc-comte au siége de Brackel. La
citation fut trouvée à Ludwigsdorf,
sur la place dite de Wenceslas-Emmerich et portée à la ville. Goertlitz avait
été affranchie de toute jurisdiction
étrangère par la bulle d'or et par des
rescripts particuliers de Sigismond ;
elle se plaignit au roi de Bohême Uladislas, et lui demanda sa protection.
La plainte fut inutile. Georges Hackenberg, successeur de Huslchède, qui
était mort pendant l'instruction, ne
daigna répondre ni aux demandes du
roi, ni aux prières de la ville. Elle fut
condamnée pour ne pas s'être présentée, à rétablir Weller dans tous ses
droits, et à lui payer une somme de
cinq cents florins du Rhin. Les francs-
juges autorisèrent ce dernier à faire

exécuter cette sentence *par la force*, s'il le jugeait convenable. La ville était en outre citée de nouveau pour rendre compte de sa désobéissance, et menacée, en cas de refus, de voir prononcer contre elle un jugement si terrible *que l'exécution ne lui en serait nullement agréable.* Cette seconde citation fut trouvée sur une dalle, dans l'église des moines. Les magistrats firent quelques démarches inutiles auprès de l'archevêque de Cologne et auprès du franc-comte qui, pour toute réponse, mit la ville au ban wehmique. Il fut déclaré publiquement que la ville de Goertlitz et celle de Breslau, contre laquelle Weller avait aussi porté plainte, étaient condamnées par la loi wehmique. Il fut ordonné à tous les sujets de l'empire de refuser l'hospitalité aux habitants de ces deux villes, de s'abstenir de boire et de manger avec eux, et en général de toute communication jusqu'au jour où ils se seraient justifiés devant les francs-juges. Weller afficha lui-même cette proclamation sur le marché de Leipsick et, protégé par le tribunal secret, il organisa quelques bandes d'aventuriers pour attaquer et dépouiller sur les routes ses concitoyens, qui voyageaient pour les affaires de leur négoce. Le Landgrave de Hesse détruisit successivement ces brigands. Ces tentatives durèrent pendant toute la vie de ce misérable et, après sa mort, son fils Wolffgang, de concert avec un certain Urbain Schwerdtfeger et protégé par le comte de Hohenstein, recommença ces étranges hostilités. Un autre individu nommé Veit de Taubenhain se joignit à cette ligue, qui ne cessa que par des sacrifices pécuniaires que firent à leur tranquillité les magistrats des deux villes proscrites. Il y avait alors dans les francs-siéges autant d'ambition que de vénalité, et les francs-juges institués pour maintenir la paix publique, ne tendaient qu'à la troubler. Des lois barbares, il est vrai, mais des lois en vigueur condamnaient Weller à la mort ; on avait usé de clémence envers lui ; la protection qu'ils lui accordèrent ne saurait être expliquée que par le désir d'humilier toute autorité qui n'était pas la leur.

Divers essais de réforme eurent lieu durant cette période. Celle de Robert était devenue insuffisante. Sigismond convoqua tous les grands-maîtres et les francs-comtes pour le jour de Sainte-Catherine, (1419) à la diète de Nuremberg, afin d'y rédiger des statuts qui fissent cesser les plaintes qui s'élevaient contre eux de

toutes parts. Un chapitre général con-
voqué par ce prince à Dortmund,
(2 septembre 1429.) en présence de
Didier, archevêque de Cologne et
auquel assista un grand nombre de
princes, de comtes, de barons et de
chevaliers, arrêta quelques dispositions à ce sujet. La diète de Francfort
de 1435 s'occupa également, mais selon toute apparence sans fruit, de
cette matière. La diète de 1437 fit la
même tentative ; on y prépara la réforme d'Arensberg. Albert, successeur de Sigismond, accablé de nouvelles plaintes, fit adopter à la diète
de Nuremberg de 1438, des dispositions tendantes à poursuivre les juges
prévaricateurs. On y arrêta que les
francs-comtes ne créeraient plus de
francs-juges à leur gré, que les francs-
tribunaux se renfermeraient dans le
cercle de leur juridiction, sans cher-

cher dorénavant à s'étendre, que le
nombre des francs-sièges serait di-
minué, que la justice secrète s'abs-
tiendrait de prendre connaissance des
affaires civiles, que les francs-comtes
qui ne se conformeraient pas à l'esprit
de ces décisions seraient déposés, que
l'appel au trône serait respecté, et enfin, que les sentences wehmiques ne seraient exécutoires qu'en Westphalie.
Les dispositions de 1437 furent revi-
sées par le chapitre d'Arensberg, et
reconnues par Albert II. Celles qui
viennent d'être mentionnées, fausse-
ment attribuées à une diète de 1430,
prirent le nom de réformation de Cologne, sous lequel on les désigne encore
aujourd'hui. Tous ces réglements
étaient, comme on a pu le voir, d'im-
puissantes barrières. Fréderic III lui-
même, ce prince dont l'autorité fut si
peu respectée par les francs-juges, fit

des essais de réforme, à la diète de Francfort. Il se préparait de nouvelles humiliations. N'étant pas initié, ses propositions ne furent pas même admises par le chapitre. Wineke Paskendall, franc-comte de Bintheim, le fit savoir en termes plus que hautains au duc Guillaume de Saxe, et les menaces de l'empereur, qui ne furent suivies d'aucun effet, hâtèrent l'explosion du scandale que préparaient déjà de longue main les inquisiteurs westphaliens. Les réformes, qui suivirent, furent à peine remarquées ; celles qu'opérèrent, sans secousses, un meilleur ordre de choses et une civilisation plus avancée, méritent seules notre attention: elles feront le sujet de la période suivante.

DEPUIS L'ÉTABLISSEMENT DE LA CHAMBRE DE JUSTICE IMPÉRIALE SOUS MAXIMILIEN JUSQU'A LA DÉCADENCE DE LA COUR WEHMIQUE.

Le règne de Maximilien a donné matière aux historiens. L'institution de la chambre de justice impériale, la pacification de l'empire, les réformes dans les procédures, celles dans les lois pénales qui en dérivèrent et surtout la culture naissante des esprits, tout concourut à opérer dans les mœurs des Allemands, un adoucissement tel qu'on peut regarder ce règne comme le commencement d'une ère nouvelle dans les annales du nord. Loin de s'éclairer des lumières répandues sur l'obscurité législative, les francs-juges s'efforçaient d'épaissir les ténèbres qui les recouvraient et préparaient le moment de leur ruine, en maintenant avec une vigueur nouvelle, les abus de leurs procédures, que les récentes améliorations judiciaires rendaient plus révoltants encore.

L'un des premiers pas de la civilisation d'un peuple, c'est d'établir l'unité du pouvoir. Des villes, des communes et les territoires entiers des souverains et des princes de l'Allemagne avaient été envahis par les cours wehmiques westphaliennes, au mépris des priviléges impériaux. Le moment était venu de faire rentrer les sujets sous l'obéissance de leurs princes légitimes et de remettre à une magistrature nationale le soin de protéger les citoyens. Les villes-libres avaient recouvré leurs droits avec leur indépendance. Elles s'apprêtaient à marcher d'égal à égal avec les souverainetés de l'empire, et nul pouvoir ne s'élevait contre ces justes prétentions. L'institution wehmique seule, odieuse à tous, redoutée d'un petit nombre, continua ses évocations avec une audace qui tenait de la démence.

La ville de Lubeck, l'une de celles où les francs-juges avaient semé les plus profonds ressentiments, reçut de nouveaux outrages, sans égard à son titre de capitale de la ligue Hanséatique et à la grandeur de ses ressources. En 1497, un bourgeois de cette ville avait été cité par le franc-siége de Soest, pour s'être porté plaignant devant d'autres autorités que le tribunal wehmique. Le président du siége de Dortmund évoqua le corps entier de la magistrature et de la bourgeoisie de Lubeck, et Berent Sanders, franc-comte de la souveraineté de

Lippe, fit dans une autre circonstance, citer par ses huissiers quelques
1512. citoyens de cette ville. Depuis, les
magistrats de Gotha furent évoqués
par les francs-juges. Séverin de Fri-
denàldenhoven ne se contenta pas de
1548. citer un israëlite de St.-Goar devant
son siége à Neustadt ; il exigea que
la ville reconnut la validité de sa
citation, sous peine d'être elle-même
citée. Rutlinge fut tellement inquiétée, vers cette époque, par le tribunal
wehmique de Médebach que le conseil aulique se vit forcé de solliciter,
pour cette ville, la protection de
l'archevêque de Cologne. Ces abus
croissants, des actes d'extra-compé-
tence, des meurtres juridiques, ajoutèrent dans ce temps plus éclairé,
le mépris à la haine. On en vint à
dire par dérision que les juges westphaliens pendaient préalablement les

accusés, puisqu'ils leur rendaient justice (1). Les princes qui s'étaient
faits les émissaires des francs-juges,
semblent alors se disputer l'avantage
de les combattre. Le recès de la diète
de Trèves déclarait « que les tribu-
» naux secrets ou francs de la West-
» phalie avaient ravi l'honneur, les
» biens et la vie à nombre d'honnêtes
» gens (2). » Le capitulaire promul-
gué par Philippe , *archevêque de
Cologne*, ajoute que les francs-siéges
sont réputés être des repaires et des
écoles de scélérats; c'est ce que ne
tarda pas à prouver la conduite du

(1) *Illic reos primum in furcam tolli, deinde*
de illorum admissis aut innocentia demùm in-
quiri solere.

> Freher, *de occult. jud. c. 1.*

(2) *Dass durch die Westphaelischen ge-*
richte maennig Biedermann um seine Ehre,
Leib und gut gebracht worden.

21 *

franc-juge Ulrich, duc de Wirtemberg. Ce prince, dont l'histoire a dé-
peint le caractère altier, avait admis
auprès de lui, en qualité d'écuyer,
un jeune gentilhomme de la famille
de Hutten, qui vint se fixer à la cour
avec son épouse. Tous deux d'une
beauté rare, ils ne tardèrent pas à
produire une vive impression sur
Ulrich et sur sa femme Sabine de
Wirtemberg. On assure que Sabine
se montra plus faible que l'épouse de
Hutten et que ce dernier eut l'im-
prudence de montrer un anneau qu'il
tenait de la duchesse. Ulrich, éclairé
par ses courtisans, garda le silence ;
mais se trouvant un jour à la chasse,
éloigné de sa suite, seul avec son
écuyer, il le frappa d'un poignard et,
à la fois assassin et bourreau, il le
suspendit avec la bride de son cheval
aux branches d'un chêne. Surpris dans

son crime, le duc, pour toute justification, allégua les ordres du tribunal.
(1) Les requêtes que Ulrich de Hutten
(devenu depuis célèbre dans la réformation), parent du malheureux
écuyer, adressa à l'empereur, reten-
tirent dans toute l'Allemagne. Ses
plaintes éloquentes furent écoutées.
Le duc de Wirtemberg fut privé de
ses biens et l'horreur et le mépris
qu'inspiraient les francs-juges s'ac-
crurent encore.

(1) D'autres rapportent que le duc, épris de
la femme de Hutten, et déjoué dans ses tentatives par la vigilance de ce dernier, prit le
parti de déclarer à l'époux la passion qu'il res-
sentait pour l'épouse, et lui demanda son en-
tremise. Le gentilhomme connaissait les dangers d'un refus, il promit tout et se prépara
en secret à emmener sa femme de la cour. Ulrich l'apprit et le prévint en l'assassinant dans
la forêt de Beblingen.

(Lex. *hist. univ.*)

L'une des principales attributions
des tribunaux secrets, celle de poursuivre les hérétiques, devait leur ré-
server un rôle important dans le grand
drame de la réformation ; les troubles
qu'elle occasionna semblaient leur promettre un retour d'influence ; mais
l'heure de la décadence avait sonné,
et d'ailleurs, l'impolitique conduite
qu'ils tinrent, acheva de les abattre.
Si l'on voulait cependant juger de la
puissance des francs-juges par les rigueurs qu'ils exercèrent, jamais l'institution wehmique n'aurait paru si
redoutable ; l'historien reconnaîtra
dans ces actes les derniers efforts
d'une puissance expirante. Le procès
de Christian Kerkering fut un de ceux
où l'institution wehmique s'efforça
de déployer toutes les rigueurs de ses
anciens temps. Ce Christian était
vassal de l'abbaye de St.-Maurice,

près de Munster et soumis comme tel à la juridiction du tribunal du Gau de Backenfeld. Il était accusé d'adultère. On l'enleva de son lit au milieu de la nuit, par ordre du franc-siége de Munster. Les émissaires qui l'assaillirent, le prévinrent qu'il devait s'apprêter à comparaître devant le tribunal de la ville (qui était le franc-siége) et qu'il eût à se couvrir de ses meilleurs vêtements. Ce malheureux, après avoir exécuté leurs ordres, fut emmené au lieu dit le Buisson de Beckmann; là on le retint, tandis qu'on portait aux juges la nouvelle de son arrestation. Au lever du jour, le franc-comte et les francs-juges, accompagnés d'un moine et du bourreau de la ville, se rendirent au lieu des délibérations, situé hors des murs de Munster, et firent amener Kerkering devant eux. Il parut, mais hors

d'état de se faire entendre, il demanda avec instances un défenseur qui lui
fut refusé, et immédiatement après on
prononça la sentence: elle portait
peine capitale. L'infortuné Kerkering
supplia ses juges de lui accorder quelques heures pour se recueillir et implorer la miséricorde divine. On lui
enjoignit de se confesser sur le champ
au moine qu'on lui amena, suivi
du bourreau. A peine l'absolution
spirituelle eut-elle été prononcée que
la tête de Christian vint rouler aux
pieds des juges. Cependant le bruit de
l'événement de la nuit s'était répandu
dans la ville, la population de Munster accourait pour voir et peut-être
pour défendre Christian; elle ne trouva qu'un tronc mutilé, qui fut trans-
porté en silence, sur les épaules du
bourreau, au cimetière de l'abbaye de
St.-Maurice.

Cet acte du tribunal secret excita de vives alarmes; l'évêque et le chapitre qui exerçaient la jurisdiction dans le diocèse de Backenfeld, récusèrent la compétence du franc-siége et firent appel à la chambre impériale; la supplique adressée par le chapitre, à cet effet, est un des manifestes les plus énergiques contre l'institution wehmique.

Que l'on compare maintenant les francs-juges de la fin du XVIe siècle avec leurs prédécesseurs: ici plus de citation comme jadis, plus de comparution volontaire, l'accusé est arraché à ses foyers, sans évocation préalable. On se hâte de l'entraîner. Les comtes s'assemblent, le défenseur manque, l'arrêt est rendu, mais l'obéissance aveugle des initiés n'existe plus. On est contraint de livrer à un bourreau l'accusé que les affiliés frappaient jadis au premier ordre, et l'on recouvre de terre bénite un cadavre qu'on eut autrefois aperçu au lever du soleil, attaché à la cime d'un arbre et déchiqueté par les oiseaux de proie; enfin le peuple qui, en d'autres temps, s'éloignait en faisant le signe de la croix, lorsque le hasard dirigeait ses pas vers une assemblée de francs-juges, voit celle-ci se dissoudre à son approche, et en recherche impunément les traces: la faiblesse égale ici la barbarie.

Il est vrai que les temps étaient bien changés. L'Allemagne avait vu Luther et Charles-Quint, et la réforme religieuse s'était étendue sur l'empire. L'inquisition, toute puissante dans le midi de l'Europe, devint bien faible dans le nord. Le dernier des conciles œcuméniques s'était terminé sans bûchers comme ceux de

Prague et de Constance, sans guerres civiles comme celui de Latran, sans déposition et sans excommunication. Quel que soit le jugement qu'on en porte, ce fut un grand phénomène que ce concile de Trente. La religion divisait alors les peuples de l'Allemagne et l'Allemagne était tranquille: cette circonstance mérite bien aussi quelque attention. Les Allemands semblaient même plus tolérants que leurs voisins. Le duc d'Albe égorgeait les Flamands, il traînait à sa suite l'inquisition, et la religion protestante s'étendait jusqu'aux provinces de l'Autriche. Tandis que les juges westphaliens condamnaient à mort sur une simple accusation d'adultère, un archevêque de Cologne, embrassait le protestantisme, épousait une religieuse du monastère de Gueri-chen, et se maintenait dans son électorat, soutenu par l'archevêque de Brême, marié comme lui. La paix générale de l'empire ne fut point troublée alors par ces débats partiels, bien que d'autres évêques, entr'autres ceux de Minden et de Brunswick, eussent suivi l'exemple de l'archevê-que de Cologne.

Des tentatives de réforme sur les tribunaux wehmiques, eurent aussi lieu durant cette époque. Elles portent un tout autre caractère que les précédentes. Dans l'année 1412, où Bérent Sanders faisait citer la ville de Lubeck, on proposait à la diète de Trèves d'abolir entièrement les francs-juges et la chose eut été mise à exécution sans l'intercession de Philippe, archevêque de Cologne, qui détourna le coup, en s'engageant à réformer tous les abus sur lesquels il serait porté plainte. Il s'occupa en

effet de statuts, et fit ajouter de nouveaux articles à la réforme proposée
par Frédéric III, et effectuée par
Maximilien. Mais toutes ces mesures
n'étaient que palliatives; chaque diète
recevait de nouvelles plaintes contre
les francs-juges. On réformait sans
cesse, mais en vain. Enfin en 1521,
on reconnut que l'unique moyen de
prévenir les désordres, était de reconstruire le vicieux édifice de la
législation criminelle. Ainsi, c'est à
l'inquisition, ou plutôt à ses abus
qu'est due l'idée première du code de
Charles V. Le récès de la diète, où
l'on prit cette résolution, est d'autant
plus remarquable que le tribunal impérial de Rothweil, dont il a été question dans le cours de cette histoire,
y est désigné comme supérieur aux
tribunaux secrets, et susceptible
de recevoir les appels en matière

wehmique. Il y a toute apparence que ces projets de réforme furent oubliés pendant les guerres de religion que firent naître les premiers temps de la réformation de Luther, car ce n'est qu'à la paix de religion de 1532 qu'il en fut de nouveau question. A cette époque, on proposa, pour calmer les esprits, de suspendre les fonctions de tous les tribunaux westphaliens et autres, qui prenaient connaissance des cas de conscience, et qui punissaient l'hérésie. Le mot de tribunal wehmique ne fut pas prononcé. Cette réticence laisse soupçonner que la terreur du nom de franc-juge exerçait encore quelque empire. Charles-Quint, menacé par les Turcs, et voulant se débarrasser des inquiétudes que lui donnaient les protestants, leur accordait l'abolition de toutes les procédures contre eux, liberté entière et même

le droit de tenir un concile. L'ordre
devenait nécessaire pour organiser
la défense au-dehors. Le code pénal
et les lois de Charles V furent pro-
mulguées; il n'y fut pas fait mention
des francs-juges: c'était les abolir.

L'archevêque de Cologne, Hermann prit adroitement ce moment
pour donner de nouveaux statuts à
l'inquisition wehmique, c'était dou-
blement la servir que de rappeler
qu'elle existait encore et de réformer
les abus qui l'avaient conduite à sa
ruine. Le dernier acte impérial qui
traite des francs-juges est l'ordonnance de la chambre de justice de
1555, qui enjoint aux francs-juges
de ne point s'écarter des anciens statuts, sous peine d'une amende de dix
marcs d'or; depuis, quelques actes
particuliers, entr'autres l'ordonnance
de l'évêque Jean de Munster, celle

22*

de Simon IV, comte de la Lippe, furent dirigés contre les francs-juges; il y a loin de ces juges-là à ceux qui citèrent l'empereur Frédéric III.

DESTRUCTION TOTALE DE LA COUR WEHMIQUE.

Les tribunaux wehmiques ne furent jamais formellement abolis, après la tentative de 1439. (1) Une institution que la force des choses avait créée, ne pouvait cesser par la volonté d'un seul. L'esprit public préparait la ruine des francs-juges, la haine la consomma. Il y avait en eux quelque chose d'usé et d'incompatible avec

(1) Quelques auteurs ont prétendu qu'Albert II ou Maximilien I avaient supprimé les francs-juges. Cette erreur, partagée par Voltaire, a été réfutée par plusieurs auteurs allemands modernes. V. Kopp. §. 25.

ces nouveaux siècles, qui les isolait au milieu des choses humaines, et les eût précipités vers leur chûte, même sans les abus effroyables qui s'étaient introduits dans leur organisation.

A mesure que la civilisation faisait des progrès, on voyait des villes s'affranchir des persécutions des francs-juges, et faire valoir les priviléges qui leur avaient été accordés par les empereurs et que la puissance des francs-siéges avait frappés de nullité. C'est ainsi que Wimpfen recouvra celui qui lui avait été accordé en 1445, et que Strasbourg, Nuremberg et Augsbourg rentrèrent en possession de ceux de Fréderic IV, des années 1452, 1459 et 1482. Des pays entiers possédoient de semblables priviléges. Ils trouvèrent convenable d'en jouir lorsqu'ils purent le faire sans danger. Il en fut ainsi des exemp-

tions accordées aux cités par le pape
et que, de toutes parts, on remit en
vigueur. Ces priviléges, confirmés par
les papes et les empereurs, ranimèrent
l'esprit public. Depuis que la chevalerie ne s'exerçait plus les armes à la
main, que les guerres particulières
étaient devenues plus rares , et que
l'ordre civil avait en quelque sorte
reparu, cette institution wehmique
n'était plus admissible, même dans
son principe, qui la dirigeait contre
l'oppression aristocratique. Des ligues
furent formées entre les villes et les
princes, contre les francs-juges. Elles
s'accrûrent rapidement. L'exemple de
telles associations avait jadis été
donné en Alsace , dans le Brisgau
et dans l'Ortenau, par le margrave
de Bade , l'électeur Palatin et l'ar-
chiduc d'Autriche, qui s'étaient ad-
joints un grand nombre de cheva-

liers et de prélats et avaient défendu, de concert, à leurs sujets d'accuser aucun individu devant les tribunaux westphaliens. C'est particulièrement aux villes et surtout aux
communautés libres, qu'est dûe la
chûte des tribunaux secrets. La résistance qu'elles opposèrent à leur despotisme, mérite d'être admirée. La
ville de Deventer chassa de ses conseils
municipaux, ceux de ses citoyens qui
s'étaient fait initier par les francs-
juges; celle de Lubeck interdit aux
siens les voyages en Westphalie; il fut
défendu aux bourgeois d'Augsbourg,
sous peine d'être noyés, de porter
plainte devant les francs-tribunaux,
et déjà avant cette ordonnance, deux
habitants de cette ville, nommés Gaspard Alten et Kinsberg, avaient eu
la tête tranchée pour avoir dénoncé
quelques uns de leurs compatriotes

aux francs-juges (1). Quelques années après, Strasbourg fit mettre à mort un certain nombre de francs-affidés, surpris sur son territoire, et Cologne, elle-même, frappa d'exil tout citoyen convaincu d'avoir répondu à une citation autre que celle des tribunaux municipaux ou impériaux. La ligue s'augmenta bientôt de l'alliance de Magdebourg, d'Ascherleben et des villes de la Marck: la confédération devint offensive et défensive contre les tribunaux secrets (2). La Hanse Teutonne y accéda et la diète hanséatique de Lubeck arrêta qu'aucun accusateur ou juge wehmique ne serait admis dans les villes de la Hanse. Les effets des nouvelles institutions judiciaires couronnèrent ces

(1) Merian. *Topog. von Schwaben, p.* 10.
(2) Koch. *Anmerk. v. de Westph. ger.* §. 15.

sages efforts: L'organisation des forces coactives de l'empire paralysa progressivement l'action illégale de ce despotisme qui avait supplanté l'anarchie du moyen-âge. La répugnance des Allemands à détruire, laissa subsister l'institution; mais le ressort des juridictions indiquées avec précision, ne permit plus aux coupables de chercher un refuge auprès des francs-tribunaux; l'autorité suprême s'éleva puissante entre l'offenseur et l'offensé, et les francs-juges ne trouvèrent plus à s'interposer et à se rendre nécessaires. Les cas de conscience et les transgressions du décalogue furent cependant poursuivis dans quelques provinces par d'autres inquisiteurs. L'ordre des archidiacres, dépossédé jadis d'une puissance immense, crut pouvoir hériter des francs-juges; il s'empara de la protection des cimetières, c'est-à-dire des procès de sorcellerie et d'hérésie. Les évêques qui, autrefois, s'étaient efforcés d'arrêter les envahissements de ces prêtres, les appuyèrent de tout leur pouvoir. L'Allemagne vit renouveler les procès de sorcellerie : quelques femmes, accusées de magie, furent brûlées publiquement.

Cependant la destruction des francs-siéges s'opérait. Dans quelques provinces, on les réformait entièrement, dans d'autres les juges cessaient leurs fonctions librement. David Ehytraeus, assure qu'au temps où il écrivait, il n'était pas permis aux francs-juges de poursuivre secrètement un coupable.

Dans l'évêché d'Osnabruck, les francs-juges, dont les fonctions avaient cessé après la promulgation du code de Charles V, ne s'occupaient plus

que de formalités judiciaires. A la
mort de Conrad de Welten, président
de ce franc-comté, il ne lui fut pas
donné de successeur; les francs-juges
durent alors s'éteindre, leurs charges
étant à la nomination du comte. (1)
Les francs-siéges du pays de Waldeck
furent accordés par Rodolphe II et
Mathias, aux comtes de ce nom, qui 1612
les réunirent à leur justice seigneu- 1619
riale. Les francs-tribunaux de la
Lippe paraissent avoir duré plus
long-temps, d'après le chroniqueur
Piderit, qui les vit, en 1627, sous la
surveillance de l'archevêque de Cologne. L'édit de Ferdinand II, qui ordonnait aux protestants de restituer
tous les biens ecclésiastiques, dont ils
s'étaient emparés depuis le traité de
Passaw, signé par Charles-Quint, re-

(1) Voy. les notions générales, pag. 101.

nouvela la lutte du pouvoir impérial et du pouvoir féodal. La guerre de trente ans et ses désastres, rappelaient l'état de choses qui avait fait naître l'institution wehmique. L'anarchie se glissait de nouveau dans l'empire. Durant ces troubles, il ne fut procédé à aucune abolition de francs-siéges. La paix de Westphalie, qui créa d'immenses changements dans l'état et dans les affaires religieuses, mit terme aux cironstances qui maintenaient les francs-juges. La liberté de conscience fut établie en Allemagne; l'empereur se vit forcé d'admettre des protestants dans son conseil aulique et ce fut en vain, que le nonce et le pape manifestèrent leur opposition. La France, qui avait exercé une grande influence sur les actes de ce traité, eut les trois évêchés et l'Alsace: les inquisiteurs dûrent se retirer de ces contrées échues à Louis XIV; c'était le temps de sa minorité; si c'eut été celui de sa vieillesse, peut-être s'y fussent-ils maintenus.

Après la paix de Westphalie, l'Allemagne répara insensiblement ses désastres. Les villes furent reconstruites, les campagnes furent cultivées, et l'on continua de supprimer les francs-juges. Le franc-siége de Herfort fut détruit avec solennité par Frédéric Guillaume, électeur de Brandebourg; cet acte fut imité par plusieurs princes, et depuis cette époque, il faut feuilleter avec attention les annales pour y découvrir quelques restes de l'institution wehmique. On y voit 1654 un franc-comte d'OEstinghausen se faire investir à Cologne, et le franc-comté de Heiden accordé à Gaspard de Hesse. Ces charges ne sont plus que des sinécures, réservées aux serviteurs des princes ou aux notables des villes; les petits seigneurs ne négligeaient pas toutefois de se faire exempter de la juridiction des siéges. C'était à la fois un acte d'indépendance et de prévoyance. En 1664, le comte de Limbourg-Wehlen-Styrum se fit accorder une exemption impériale. Léopold Ier. remit un semblable privilége au marquis de Pescara. Quelques investitures se firent en 1725. Un grand-maître et un franc-comte existaient encore à Steinfurth au milieu du XVIIIe. siècle, et à cette époque les cercles de franc-comté servaient encore de limites. (1) Les francs-juges se montraient encore dans quelques cantons de la Westphalie au commencement de ce siècle.

(1) Busching. *Descript. de la terre. Hambourg* 1761.

Naguères des vestiges de francs-tribunaux se retrouvaient dans la Mark, et le canton de Lahr portait le nom de franc-comté. Enfin Dortmund a conservé, jusqu'aux conquêtes de Napoléon, un monument de cette terrible institution. Le franc-tribunal s'y assemblait, à certains jours fixés par les traditions. Le franc-comte et ses subordonnés, revêtus de leurs costumes, se rendaient en cérémonie à l'ancienne porte du fort, sous un tilleul antique, qui, peut-être, avait jadis couvert de son ombre des assemblées plus redoutables; là, on lisait au peuple, accouru à ce spectacle étrange, les anciens statuts relatifs à la police publique, et l'on y répétait de vieilles cérémonies qui étaient terminées par ces mots que prononçait un hérault, en agitant une épée: par ce glaive, par ce glaive, tous

23*

ceux qui sont sous l'épée de Dortmund doivent obéissance à mon maître. (1)

(1) Mœser. *Patriot. phantas.*

COUP-D'OEIL

SUR L'ALLEMAGNE MODERNE.

Un dernier regard, jeté sur le nord de l'Allemagne, complettera ce tableau rapide, et montrera l'influence qu'ont exercée sur les mœurs, des institutions dès long-temps effacées.

Les cours wehmiques n'existaient plus. Leurs derniers vestiges avaient même disparu. Il ne s'était point élevé, après les traités de Westphalie, de puissance opposée aux progrès de la civilisation. Les princes et les peuples s'entendaient: la révolution française vint agiter l'Allemagne.

L'invasion de l'empire par des armées françaises, le contact prolongé des deux nations étendirent immensément la civilisation dans les deux pays. Les arts, les lettres et toutes les connaissances humaines, prirent en Allemagne un essor qu'il serait impossible maintenant de ralentir, et dont on peut suivre les progrès jusqu'à l'apparition d'une institution, non moins menaçante que la *chose* wehmique, et qui a fait naître, comme cette dernière, de sourdes agitations, des résistances sanglantes sur son passage. Tout récent que soit ce tribunal, il n'en est pas moins tombé dans l'oubli: espérons que cette nouvelle justice secrette, disparaîtra pour toujours par le commun accord des souverains et des peuples.

DES ASSOCIATIONS SECRÈTES DU XIXe SIÈCLE JUSQU'A L'ÉTABLISSEMENT DE LA COMMISSION INQUISITORIALE DE MAYENCE

L'Allemagne dominée, traversée et presque écrasée par l'empire de Napoléon, avait vu s'écrouler son antique constitution par l'établissement de cette confédération du Rhin, qui effaçait en un jour les droits patrimoniaux des princes immédiats, et changeait tous les rapports politiques des souverains allemands. Les rois et les grands-ducs, nommés par Napoléon, exerçaient sur leurs sujets une autorité aussi illimitée que Napoléon sur eux-mêmes. La domination et l'administration de Napoléon dans les pays situés au delà du Rhin soit conquis, soit occupés par ses armées, soit réunis à son empire, étaient véritablement insupportables pour tout Allemand, dont quelques gouttes de sang germain fesaient battre le cœur. Napoléon aimait le despotisme, parcequ'il le croyait indispensable à sa position et à ses projets: le temps a fait justice de son système; mais alors la plupart des dépositaires de son pouvoir, administrateurs ou militaires, au lieu d'adoucir par la manière de les exécuter des mesures trop rigoureuses, voulaient aussi faire les petits despotes, et ajoutaient les sévérités de l'exécution à celles de l'ordre primitif. Pour faire sa cour au maître, on allait au delà de ses volontés; et, en le servant avec une docilité musulmane, on satisfesait en même temps le penchant inhérent à l'homme de manier à son gré la parcelle d'autorité dont il est dépositaire, et on travaillait à réaliser les rêves de son ambition person-

nelle. Voilà les vrais mobiles de ce
dévouement au despotisme, qu'on dé-
corait alors, comme toujours, des
beaux noms de devoir, de respect, d'a-
mour pour le souverain.

Ces vexations particulières, la lé-
gèreté française, le *sans-façon* de
nos brillants militaires, (je ne parle
pas du petit nombre dont les rapines
eussent deshonoré le nom français, s'il
avait pu l'être) blessaient essentiellement les graves et loyaux allemands.
Ils ne pouvaient d'ailleurs se façonner à une occupation militaire sans
terme, à une conscription qui enle-
vait jusqu'au dernier de leurs enfants,
à un système de douanes destructif
du commerce de transit, principal
moyen d'existence des pays situés depuis le Rhin jusqu'à la Baltique, à
des tribunaux d'exception aussi arbi-
traires dans leurs interprétations que

rigoureux dans leurs recherches. Quelle différence entre ces droits-réunis, dont les amendes étaient tellement inévitables, que le produit en était calculé d'avance, comme une branche de revenu public, dont les exercices tendaient à créer des coupables, et le gouvernement paternel de la maison de Brunswick, qui, bien qu'élevée sur un des plus beaux trônes de l'univers, considère et traite le Hanovre avec cette prédilection qu'un cœur généreux ressent pour le lieu d'où il tire son origine et pour l'héritage de ses ancêtres.

Cette comparaison entre l'état passé et l'état actuel, portèrent au dernier degré l'animosité des Allemands contre leurs oppresseurs. Cette haine était secrètement alimentée par des princes humiliés et las d'être aux ordres de Napoléon; ils frémissaient en obéissant à cet homme nouveau, et l'orgueil national, blessé sans cesse par l'exercice du droit du plus fort, dont les Français usaient avec peu de ménagement et par les diverses causes que je viens d'indiquer, fit naître le ressentiment dans le cœur des Allemands: le besoin de la vengeance unit en 1812 les princes et les peuples de l'Allemagne. L'appel de la Prusse, ap- 1813 puyé des désastres du protecteur de la confédération du Rhin et de l'or de l'Angleterre, retentit dans toute l'Allemagne. Nobles, bourgeois, paysans, tous s'armèrent pour délivrer le sol, et les rois triomphèrent au nom de la patrie et de la liberté. Les Alle- 1815 mands, désormais rendus à euxmêmes, demandèrent aux princes, auxquels ils avaient donné la victoire, les institutions que ceux-ci avaient promises. La confédération germanique s'organisa. Le premier acte de la

diète fut de déclarer qu'elle s'occupe-
1816 rait d'établir des constitutions, fondées
sur l'égalité devant la loi et sur le sys-
tême d'une représentation nationale.
La Prusse avoit déjà émis cette volonté dans le congrès de Vienne, et
presque tous les princes de l'Allemagne s'étoient empressés d'y adhérer:
un seul la réalisa; ce fut le duc de
Saxe-Weymar, qui demanda à la
diète la garantie du pacte constitu-
tionnel, qu'il venait de donner à son
petit peuple. Le roi de Wurtemberg
avait, il est vrai, donné une charte à
ses sujets; mais la noblesse, à qui cet
acte ne rendait pas ses priviléges, et le
peuple qui n'y trouvait pas ses libertés, la rejetèrent. Le roi qui ne voulait ni affermir l'aristocratie, ni satisfaire aux demandes de la nation,
mourut fort-à-propos pour sortir
1817 d'embarras. Son fils était tout popu-

laire, il assembla les états. On espérait, lorsque tout-à-coup l'assemblée
fut dissoute par un rescript royal,
par lequel le prince témoignait la
douleur qu'il éprouvait de ne pouvoir
donner, à ses sujèts, une constitution
qui assurât les libertés publiques. Le
duc de Saxe-Weymar, plus obscur,
fut plus heureux. Sa constitution,
basée sur l'égalité des droits, fut
garantie par la diète, et ce petit état,
dont la capitale avait dès long-temps
reçu le nom d'Athènes de la Germanie, devint le refuge des arts et de
la liberté. La liberté de la presse, qui
régnait dans ce duché, ne tarda pas à
donner de l'inquiétude. Les états de
Saxe-Gotha étaient également assemblés en deux chambres : la noblesse
y avait toute l'influence:. A Dresde,
le besoin des institutions avait été
exprimé de manière à se faire enten-

dre: les anciennes institutions furent maintenues avec soin par des états assemblés pour en corriger les vices, et le système réprésentatif chercha à faire alliance avec le système féodal. Cependant l'électeur de Hesse s'attachait à reprendre avec son ancien titre tous ses anciens droits: il disputait aux acquéreurs les domaines nationaux westphaliens, et s'efforçait de replacer les hommes et les choses, là précisément où il les avait laissés jadis. L'Autriche, cette puissance au sein de laquelle rien ne change, et où les invasions ont passé sans laisser de traces, rétablissait dans la Galicie le gouvernement représentatif, c'est-à-dire la représentation par les quatre ordres des prélats, des barons, des chevaliers et des députés des villes, telle qu'elle existait sous Joseph II: l'Autriche ne donnait pas d'institu-

tions; mais elle n'avait rien promis.
Il n'en était pas ainsi de la Prusse;
on y avait remué le peuple au nom
de la liberté et l'opinion publique
s'y prononçait fortement. Les habitants, armés pour la défense du sol,
arrachés aux travaux des universités,
des ateliers et des campagnes, récla-
maient l'exécution des promesses du
souverain. Le roturier avait combattu
à côté du gentilhomme ; souvent il
avait commandé à des bataillons composés de nobles ; il supportait avec
impatience les restes de la féodalité.
La fête séculaire de la réformation
réunit encore une fois l'Allemagne en
famille. On se sépara sans troubles.
Tous les yeux étaient fixés sur la
diète germanique ; on attendait beaucoup d'elle et l'on en avait droit.
Elle s'occupa de fixer le contingent
des troupes de la confédération ,

24*

d'élever trois lignes de forteresses, et de tenir trois cent mille hommes sous les armes. Contre qui ces apprêts, se demandaient les peuples? Le centre de l'Allemagne réclamait instamment la liberté absolue du commerce entre les états de la confédération. La question de la liberté de la presse fut ajournée. En attendant, des plaintes contre celle dont jouissaient les écrivains à Weymar, eurent lieu. Les communications attendues relativement à la liberté individuelle, à l'égalité devant la loi et à la répartition des impôts, parûrent moins prochaines. La diète s'ajourna: on s'aperçut à peine de la suspension de ses travaux.

Des germes d'agitation se manifestaient dans les provinces Rhénanes de la Prusse. On y réclamait hautement l'exécution des promesses du roi. Des adresses furent signées de tous côtés par des magistrats, par des corporations et par de simples citoyens. Quelques unes de ces adresses renfermaient des plaintes amères, d'autres étaient conçues en termes peu respectueux. Le gouvernement vit dans ces plaintes une sorte de rébellion, et le roi répondit à celle de Coblentz: « les représentations que » j'ai reçues ne peuvent que me cau- » ser un juste mécontentement: le » devoir de mes sujets est d'atten- » dre, etc. » Cette réponse calma peu les esprits ; la condescendance du roi fut plus efficace, un rescript royal consacra dans les provinces du grand duché du Rhin, les principes de la publicité des débats judiciaires et de l'institution du jury. La procédure française, qu'on s'était hâté d'y dé_ truire, fut, en partie, rétablie: une commission prise dans le conseil d'état prussien, s'occupa de la confection d'une constitution (1). Celle des états bavarois fut proclamée à Munich le 26 mars, anniversaire de la naissance du souverain. Cet acte supprima les corvées, garantit à chacun la liberté de conscience et de culte, accorda la liberté de la presse, soumit tous les citoyens à supporter les charges publiques, nomma des députés pour six ans et des sénateurs. Les nobles se récrièrent contre cet acte qui confirmait cependant un grand nombre de leurs priviléges: le gouvernement supporta avec fermeté les suites de sa déclaration.

La paix publique ne tarda pas à

(1) Une constitution a été publiée depuis par le gouvernement prussien : elle embrasse l'administration des provinces rhénanes.

être troublée en Allemagne par l'insurrection des étudiants de Goettingen. Ce mouvement n'avait pas un but politique. Les villes-libres commencèrent à donner quelques exemples de retour aux anciens principes. La persécution qu'y essuyèrent les juifs est aussi barbare que ridicule. L'époque de la reprise des travaux de la diète était arrivée. L'Allemagne présente dès lors un horizon plus rembruni, et subit encore la conséquence des événements dont elle fut le théâtre. Des négociants allemands formèrent, dans l'intérêt de leur négoce, une association qu'ils illustrèrent du vieux nom de Hanse Teutonne, et qui, établie d'abord à Tubingen, se lia insensiblement à d'autres associations qui s'élevèrent dans un autre but. Cette société, composée dans le principe, de soixante et dix négociants, fut présentée à la diète et demanda la suppression des douanes et des péages dans l'intérieur de l'Allemagne. Cette association donna l'éveil aux ennemis des institutions, inquiets de l'avenir et puisant leur défiance dans la défaveur qui s'attachait à leur système. On vit ou l'on crut voir dans tout le nord, des bandes d'illuminés. On oublia que les anciens illuminés n'étaient rien moins que démocratiques et que les vieux écoliers de Weishaupt, théosophes ou martinistes, figuraient parmi les plus ardents persécuteurs des doctrines nouvelles. Les anciennes universités même, divisées en associations provinciales (1), étaient soumises à un despotisme de corporation qui, loin

______

(1) *Landsmannschaften.* — Voy. l'annuaire hist. de Lesur pour 1819.

de favoriser l'unité démocratique, entretenait des rivalités, des divisions, des querelles sanglantes entre tous les cercles de l'empire.

L'association secrète du *Tugend-Bund* avait eu pour but, en 1807, la délivrance de l'Allemagne. La Reine de Prusse l'avait favorisée de tout son pouvoir et la police de Napoléon l'avait signalée comme une faction composée de ces *Idéologues* que le conquérant redoutait si fort. Lorsque la puissance de Napoléon fut renversée, et que l'Allemagne eût recouvré le repos, cette impulsion nationale qui l'avait délivrée, devint plus vive que jamais. Les habitants de la Prusse et des villes libres, vieux et jeunes, avaient pris l'ancien costume Germain, et l'Allemagne semblait avoir adopté les mœurs de ses romans. Le *Tugend-Bund* formé dans l'intérêt de la monarchie, mais formé par les peuples, donna de vives inquiétudes. Les nobles s'en étaient détachés, et c'était dans les universités, dans la *Landwehr* et parmi les bourgeois des villes, que cette association comptait le plus grand nombre d'adeptes. Elle fut signalée comme une institution révolutionnaire. Une société, composée de nobles, s'éleva pour balancer son influence. On y proclama le retour aux anciens principes, aux anciens priviléges; elle s'écroula d'elle-même; peut être que sans l'esprit public qui la détruisit, l'Allemagne eut retrouvé l'inquisition wehmique? Les membres du *Tugend-Bund*, aigris par les déclamations de la congrégation noble, commirent quelques désordres à la fête anniversaire de la bataille de Leipzig, qu'ils célébrèrent au château

la Wartbourg rendu fameux par Luther. On y brûla des ouvrages anti-
philosophiques, et, selon quelques
uns, le traité de la sainte-alliance.
Quelques mois après, des députés des
quatorze universités de l'Allemagne
s'assemblèrent à Iéna pour y jeter les
fondements d'une association générale à laquelle ils donnèrent le nom
de *Burschenschafft*. Ce traité fut
passablement mystique et même assez inconsidéré. On y exprima le désir
de faire une révolution qu'on nommait aurore céleste. L'agitation
fermentait, mais rien ne transpirait
encore, lorsque les suites déplorables
des promesses éludées et de l'exaltation, vinrent à éclater. Kotzebue
si connu en Allemagne par ses écrits
dramatiques, et en France par les
diatribes virulentes dont il paya l'ac-
cueil affable qu'il y avait reçu, fut

assassiné par un étudiant, nommé

23 mars
1819.

Frédéric Sand. Il est certain que Kotzebue traitait mal dans sa correspondance politique, et dans les journaux allemands les partisans de la liberté germanique. Sand s'était rendu d'Iéna à Manheim dans le dessein d'exécuter ce meurtre. Admis auprès de Kotzebue, il lui présenta un papier sur lequel étaient écrits ces mots: *sentence de mort exécutée contre Auguste de Kotzebue le 23 mars 1819*, et le frappa d'un poignard en s'écriant: *vivat Teutonia!* Cet assassinat produisit une vive impression. Sand conservait tout son calme durant le cours de son procès. Il s'écriait quelquefois: « qu'aucun sacrifice ne » devait coûter pour chasser des trai- » tres qui prêchaient le pouvoir ab- » solu, étouffaient la liberté dans son » germe, et semaient la discorde en

» Allemagne. » L'image de Sand fut exposée partout où la police n'en avait pas interdit la vente, et sa mère reçut plus de quatre mille lettres de félicitation: cette circonstance montre la déplorable exaltation qui régnait alors. La diète prit des mesures sévères. On soumit les universités et tous les corps instituants à des enquêtes rigoureuses: on ne trouva pas de complices à Sand. L'agitation que ce crime avait produite commençait à se calmer, lorsqu'un nouvel assassinat fit renaître les rigueurs, et donna lieu à l'organisation de mesures oubliées, dans le nord, depuis plus d'un siècle. La commission de Iéna, chargée de l'enquête sur le meurtre de Kotzebue, était encore assemblée lorsque M. Ibell, président de la régence du duché de Nassau, fut assassiné par le fils d'un pharmacien d'Idstein, nommé Lœning. Au moment où il saisissait son poignard pour frapper, le président l'arrêta et parvint à le désarmer. L'assassin s'empara d'un verre qu'il brisa entre ses dents, et dont il avala les morceaux. Il mourut sans avoir fait aucune révélation. On n'hésita pas à reconnaître dans ce nouveau meurtre, les menées d'une puissante faction démagogique. Des arrestations nombreuses furent faites à la demande de la Prusse. Des professeurs, des ecclésiastiques furent destitués. Les écoles gymnastiques furent interdites. L'instituteur Iahn fut arrêté et détenu secrétement. Tous les étudiants de l'Allemagne subirent les interrogations des commissions d'enquête. Un grand nombre d'Allemands émigra en Suisse et en France. La détention et une surveillance aussi rigoureuse que la détention même, fut le partage de ceux qui restèrent. On trouva dans les correspondances, dont le secret fut violé, le dessein formé par les associations secrètes d'établir en Allemagne une république fédérative. Un congrès européen s'assembla à Carlsbad. L'Allemagne en attendit l'issue avec anxiété. La diète fut autorisée à faire exécuter ses résolutions par la force, soit envers les gouvernements, soit envers leurs sujets. Les associations secrètes et surtout celle de la *Burschenschafft* furent défendues. Une censure fut établie sur les écrits périodiques et sur tous les livres au-dessus de vingt feuilles, enfin une commission extraordinaire de recherches fut établie à Mayence. D'autres commissions de recherches locales furent établies dans les divers états de la confédération, et les gouvernements furent assujétis à les supporter. L'article IV de l'arrêté de la diète était ainsi conçu: « ne pourront être élus » membres de la commission centrale » que des officiers civils qui remplis- » sent ou ont rempli des fonctions » judiciaires, et ont instruit des » procès d'inquisition importants. » Ces résolutions furent reçues en Allemagne sans résistance apparente. Dans quelques états des édits particuliers ajoutèrent à ces rigueurs.

DEPUIS L'ÉTABLISSEMENT DE LA COMMISSION INQUISITORIALE DE MAYENCE JUSQU'A NOS JOURS.

La commission inquisitoriale de Mayence commença des recherches. Des persécutions contre les Juifs eurent lieu à cette époque dans toute l'Allemagne occidentale et dans le nord jusqu'à Copenhague. Cette nation avait éprouvé quelques-uns des bienfaits de la civilisation. Les odieuses restrictions qui pesaient sur elle, et la retenaient dans l'abrutissement, avaient disparu durant le séjour des Français en Allemagne. Un grand nombre d'Israélites avaient pris part à la guerre de l'indépendance; d'autres avaient suivi les armées. Dans plusieurs villes, l'insolence de quelques juifs enrichis pendant la guerre, avait indisposé le peuple. L'inaction de la force protectrice les porta à la violence. A Wurtzbourg, des maisons furent pillées, et les juifs quittèrent la ville, à l'exception de ceux qui étudiaient dans les universités, et que leurs généreux camarades garantirent de toute insulte. L'exécution du jugement de Sand donna lieu à de nouveaux troubles et à de nouvelles recherches. La sentence rendue par le tribunal de Manheim et confirmée par le tribunal suprême de justice, fut mise à exécution, à six heures du matin, dans un lieu connu sous le nom de *Viehweide*, situé sur la route qui conduit de Manheim à Heidelberg. Sand se rendit à l'échafaud avec calme, et vêtu du costume germanique. Il voulut haranguer le peuple, on le contraignit au silence. Des étudiants de Heidelberg trempèrent leurs mouchoirs dans son sang. Une brochure publiée sur le procès de Sand, fut saisie à la demande du gouvernement bavarois, et le libraire Winter, député à la diète bavaroise ne reçut pas de lettres de convocation. En Prusse, les procédures inquisitoriales se continuaient avec rigueur. La gazette officielle de Berlin était remplie d'extraits de lettres anonymes interceptées, où il n'était question que de détruire la monarchie; mais aucun fait ne venait à l'appui de ces asser_tions. On attendait toujours une constitution : le gouvernement ne s'occupait que d'associations secrètes. On fermait les loges des francs-maçons, et l'on défendait de porter le costume germanique. Le Wurtemberg présentait le spectacle d'un peuple d'accord avec son roi pour le bien public. Une constitution s'y éla-1821. borait avec ardeur. (1) L'Autriche poursuivait les *Carbonari* jusques dans ses états héréditaires, et favorisait les Musulmans contre les Chrétiens. Les révolutions de Naples et du Pié-mont jetaient des semences jusqu'en Prusse. Un jeune homme de famille

(1) Elle a été promulguée.

noble, inspecteur des forêts à Bromberg, y organisait une association sur le modèle des *Venta* italiennes. Les conjurés avaient résolu de s'emparer de l'arsenal de la Landwehr, à Stargardt, d'armer les paysans et de proclamer la constitution espagnole. Le complot fut découvert et les coupables enfermés dans les prisons de Marienwerder. La découverte de cette conspiration excita l'ardeur des commissaires inquisitoriaux. Enfin, après trois ans de recherches et de poursuites mystérieuses, la commission centrale de Mayence publia trente deux rapports sur l'origine, le but primitif et le but postérieur des associations secrètes du *Tugend-bund* de la *Burschenschaft*, de Charlottenbourg, de Berlin, de Gotha, etc. Selon ces rapports, les associations secrètes auxquelles les patriotes prussiens les plus illus-

tres avaient pris part, avaient été
dirigées dans le principe contre Bo-
naparte. Les membres de ces sociétés
prétendaient de leur côté que Bona-
parte n'était qu'un accident dans l'histoire de cette ligue dirigée contre le
despotisme. Quoiqu'il en soit, la commission accusait Iahn et ses exercices
gymnastiques, les déclamations des
Turnistes, connus sous le nom de
bande noire de Lutzow et surtout les
écrits de Fichte, d'Arndt, de Gœrres,
d'avoir entretenu les idées séditieuses
qui s'étaient introduites dans les sociétés secrètes. La diète témoigna sa
reconnaissance à la commission dont
les travaux n'ont amené jusqu'ici aucun résultat connu.

FIN.

NOTES.

—

NOTE PREMIÈRE.

Je crois devoir rapporter une lettre du tribunal secret d'Elleringhausen au magistrat de Dautzick.

« Y ayant eu des plaintes graves portées
» contre vous pardevant le tribunal secret
» d'Elleringhausen sous l'aubépine , assemblé
» en nombre compétent pour juger sur la vie
» et l'honneur, conformément aux lois du tri-
» bunal secret et en présence de beaucoup
» d'autres francs-comtes , nobles et francs-
» juges, qui y assistaient, à l'occasion de Jean
» Holloger, accusé d'avoir dit, relativement
» au tribunal secret, des choses qu'il ne de-
» vait pas dire, et d'avoir surtout ajouté aux
» plaintes et aux mots insérés dans la cita-

» tion, des choses qui n'y étaient pas conte-
» nues, et pour lesquelles il mérite d'être puni
» dans sa vie et dans son honneur; pour toutes
» ces raisons, nous les francs-comtes ci-dessus
» dénommés, en vertu du saint empire ro-
» main, ordonnons au magistrat de Dantzick
» sous peine d'être condamné à une amende
» de cinquante livres d'or fin, qu'aussitôt les
» présentes reçues, il ait à se saisir dudit Jean
» Holloger, à le mettre en prison et à faire
» toutes les dispositions nécessaires pour que
» le jugement qui interviendra à son sujet,
» puisse être exécuté. Si le magistrat de la
» ville de Dantzick ne se conforme pas exacte-
» ment à cet ordre, il en répondra aux francs-
» comtes d'Elleringhausen sous l'aubépine, à
» la séance du tribunal secret qui se tiendra
» le premier jeudi avant la pentecôte. Et dans
» le cas où le dit magistrat n'obéirait pas, on
» le prendrait à partie, ainsi que tout le pays
» de Prusse qu'on punira de la manière la plus
» sévère, si donc le magistrat de Dantzick
» veut éviter le châtiment, il doit faire con-
» naître au nommé Holloger tout ce qui est
» rapporté ci-dessus et lui demander s'il est
» disposé à comparaître devant le tribunal
» secret au jour fixé, afin de répondre aux

26

» plaintes qui ont été portées contre lui ou
» s'il est déterminé à s'y refuser. »

(GASPART SCHUTZ,
Hist. rer Prussic. lib. iv.)

NOTE DEUXIÈME.

« *Notum esse volumus in perpetuum quod*
» *Gerewinus de Rinkehohde domum Thome*
» *Brocke. . . in liberum comitatum suum quem*
» *ipse de manú nostra tenet, attinentem ab*
» *omni jurisdictione et obnoxietate quá ea-*
» *dem domus eidem libero comitatui fuit ad-*
» *stricta, expediens tytulo permutationis exe-*
» *mit, veram ac directam proprietatem ejus-*
» *dem Joanni de Brocke, ejusdem comitatus*
» *sedes liberi comitis liberorum ac scabinorum*
» *interveniente consensu in locum et jus pre-*
» *dicte domus subrogando. . . . Actum in loco*
» *judiciale qui dicitur Berbe, presidente judicio*
» *Bernardo, presentis vemenotis, etc.* »

NOTE TROISIÈME.

En 1445, le franc-comte Manhof de Sa-
chzenhausen, sur la plainte d'un certain
Arnstede, cita la ville de Goertlitz devant

son siége, sous les tilleuls. Cette ville s'adressa à la cité d'Erfurth, son alliée, pour en obtenir conseil et secours. Cette dernière répondit qu'elle avait déjà beaucoup d'embarras et de troubles, par les querelles que lui suscitaient les francs-juges, et que, malgré les priviléges de l'empereur et du pape, elle n'avait pas cessé d'être inquiétée par les tribunaux wehmi- ques. « Quant à Manhof et Arnstète, ajou- » taient les magistrats d'Erfurth, ce sont deux » scélérats sans aucun frein, qui sont dès » long-temps excommuniés, surtout Manhof » dont la nomination n'a pas été confirmée par » l'empereur Frédéric qui sait mieux que » personne au monde que ce Manhof est un » bourreau et un hérétique, chassé du giron » de l'église. Pour Hermann d'Arnstède, c'est » un obscur coquin, ancien habitant de la » ville et qui en a été chassé pour sa mauvaise » conduite. » Les siéges étaient alors occupés par la lie de la société, l'empereur n'investis- sait plus les juges et les appels au trône étaient devenus illusoires.

(GOETHE,
Ma vie: poésie et vérité. Tom. III.)

FIN.

TABLE

DES MATIÈRES.

—

PREMIÈRE PARTIE.

PREMIERS SIÈCLES DU CHRISTIANISME.

SECONDE PARTIE.

MOYEN AGE.

NOTIONS GÉNÉRALES.

LE TRIBUNAL SECRET.

TROISIÈME PARTIE.

COUP-D'OEIL SUR L'ALLEMAGNE MODERNE.

FIN DE LA TABLE.